# ぬまっちのクラスが「世界一」の理由

沼田晶弘

中央公論新社

# はじめに

「どうしたら、子どものやる気を引き出すことができるだろうか」

「この子の可能性を伸ばすには、どこで学ばせたらいいのか」

「自分から熱心に物事に取り組む子に育てたい。どんな教育をすれば変わるのか」

おそらく、すべての親御さんたちが抱えている共通の悩みでしょう。


「もっと子どもたちのやる気を発揮させたい！」

「自主性、自発性を伸ばしたい」

「目標に向かって、楽しく学んでほしい」

日本中の先生たちがきっとそんな思いを抱いているでしょう。

「頑張れ」

「もう少し一生懸命やってみろ」

「やればできるはず」

いくら励ましの言葉を投げかけても空回り。子どもたちの「やる気」を引き出すことにはつながらないと、頭を抱えている大人は多いでしょう。


「子どもたちにやる気を出してもらいたい」

言葉にしてみると単純ですが、実現するのはそれほど簡単ではないのだと思います。

ボクら大人たちが子どもに対して抱く率直な「思い」。子どもたちが持っている可能性への「期待」。中身はまったく正しい。

でも、その「思い」や「期待」はなかなか伝わらない。

教育に携わるボク自身、ずっと考え続けてきました。

＊

ボクは、自分の子ども時代の経験を振り返ってみたのです。勉強嫌いだったボクも、やる気を出した瞬間はあった。おちこぼれ高校生だったボクに、やる気をかきたててくれた先生もいた。アメリカで学んだスポーツ経営学の中には、モチベーションを引き出すヒントがあった。

自分自身の経験を振り返りつつ、ボクはある考え方にたどりつきました。

「思い」や「期待」を伝えるには、思い期待するだけではだめだ。

それらを確実に実現するための手段、つまり〝方法〟について考え工夫することが必要なんだという結論に。

先生になりたての頃、なにか明確な方法論があって子どもたちを導こうとしていたわけではありません。そんなボクでも、子どもたちと一緒に過ごす中で、いろんなことに気付かされました。先生をしていたら、いろいろなことが見えてきたのです。

それで、担任している小学生のクラスの中で、ボクなりに考えた方法を、工夫をこらして取り組みました。ちょっと奇抜だったり、外から見れば遊んでいるように見えたり、そこまでやるの、と思われるような極端な方法もありました。それでも、試行錯誤しながら勇気を出して挑戦してみたのです。

たとえば――

教える、教えられる、
という仕組みをちょっと
ズラしてしまう方法。

教室の空気を
入れ替える方法。

教室と社会とを
つなげてしまう方法。

先生と生徒の
関係を対等に
してしまう方法。

時間を
コントロール
する方法。

ゲーム感覚を
使う方法。

演じる楽しさを
使う方法。

すると、クラスの中に変化が現れてきました。

子どもたちがためらうことなく自由にどんどん発言する。

授業を進める先生役を、子どもの側がこなすようになる。

クラス運営を子どもたち自身が考える。

掃除の仕方を楽しく効率的に変える。

運動会で優勝を目指して力を合わせて助け合う。

地域のお年寄りと自然な形で交流する。


まさか小学生が？　本当のことだろうか？　と思われる方もいるかもしれませんが、すべて現実に起こったことです。

ボクの授業は「MC型授業」と呼ばれることがあります。つまり、バラエティ番組のひな壇トークみたいに、子どもたちが自由闊達《かったつ》に話し、ボクがMC（司会者）のようにその言葉を拾い、時にはツッコミを入れていく。

いま教育の世界では、一方通行の講義形式ではなく、子どもたちが自ら課題を解決していくような授業、互いに学びあいながら社会とつながるような授業をめざして、「アクティブ・ラーニング」ということが盛んに言われています。キーワードが先行してしまうことは気を付けなくちゃいけないと思うけど、この定義に照らすならば、ボクの「MC型授業」は結果的に「アクティブ・ラーニング」を実践してきたのだと考えています。

*

どうして小学校でそんなクラスにできたのか。
どうして生徒たちはそんなふうに変われたのか。
答えは一つ。
子どもの中に、成長しようとする力があるからです。
可能性は、すでに子どもたちの中に芽生えている。
その力を見逃さず、丁寧に、引き出せればいい。
それが、先生のもっとも大事な役割ではないか。

勉強を教えて知識を与えることも、大切なこと。でも、それより一人一人が自ら気付き、自ら考え、自ら学ぶ手助けをすること。子どもたちが、自分の可能性を自分自身で発見できるような方法に、子どもたちと一緒に取り組むこと。

そうすれば、あとは**子どもたちが自分で勝手に伸びていく。**

新しい自分を発見し、成長していく。

自分の力で変わっていくからこそ、実感的だし、ワクワクして楽しい。

だから、やる気が出るんです。

この本は、そんな「ワクワク」「やる気」の源について書かれています。

ボクが担任をした小学生のクラスの中でいろいろな方法を活用し、子どもたちが変化していった様子を具体的に紹介しています。

第1章では、6年生の社会科授業の一コマを紹介しつつ、ボクの基本的な考え方について見取り図を紹介しています。

第2章では、3年1組の子どもたちが、2年間でどのように変わっていったのかという成長記録を、時間を追いつつ紹介しています。

第3章では、なぜボクがこうした教え方にたどりついたのか、ボクのこれまでの人生を振り返りながら、自分の経験の中にある原点について考えてみました。

第4章では、みなさんの疑問に対してボクが答えています。

第5章では、ポイントとなるキーワードを集めました。

＊

この本は、ボクが子どもたちと一緒になって取り組んできた実践の記録です。子どもたちがやる気を出すにはどうしたらいいかを考えながら作ってきた、アクティブなメソッド集です。ぜひ、この中からエッセンスを引き出していただき、それぞれの現場に合うように変化させながら、活用していただけたら嬉しいです。

発見すると嬉しくなって、また次の発見をしようと頑張る――そんないきいきとしたやる気に満ちた子どもに育てたい、と願うすべての大人たちへ。

先生、お母さん、お父さん、誰かを育てることに関心のある方々に、ぜひページをめくっていただければと思っています。

※学校教育法の条文では、小学生は「子ども」または「児童」ですが、本書では本来「児童」と言うべきところを、便宜上「生徒」としています。

OnoNonON

onON

目次

装幀・本文デザイン／上田宏志［ゼブラ］
本文DTP／小出正子
構成／山下柚実
イラスト／平田講樹

写真／著者　p40、42、43、92、127、129、130
　　　中央公論新社写真部　p20、21、22、23、59、95
　　　読売新聞社　p73、96、97、132

# ぬまっちのクラスが「世界一」の理由

# 第1章

# やる気スイッチがONになる！

「1551年、織田信長はとうとう家督を継ぐことになりました」

「かとくって？」

「家を継ぐ人、のことです」

「あとつぎ」

「家督は普通、長男が継ぐものでした。しかし、三男の信長の力を父親は見抜いていたので、信長に継がせることにしました。でも、まわりは反対して『なぜ信長なの』と認めません」

「まわりって誰？」

「織田家の家来たちです。そして信長はまわりと対立していきます」


黒板の前に立って、戦国時代について声を張り上げながら説明しているのは、小学6年生の女子。

教壇に立っているのは生徒数人のグループ。パワーポイントを使いながら、織田信長の人生について解説していきます。

本物の先生はどこにいるかというと……。

生徒の机に座って一緒に授業を聞いています。
普通の小学校の教室とはちょっと違う。
生徒と先生が、逆転しているところが。

先生役の子どもが、飛んでくる質問に答えながら、話を展開していきます。
「信長がこんなに強いとは、お坊さんたちも思っていなかったんです。だから、『やれるものならやってみろ』とか言ってしまいました。そしたら信長は本当に、比叡山延暦寺を焼きつくしたのです。信長が怖い人だということを知らなかったから、お坊さんたちは本当に死んじゃったんです」

「友達同士でもあるよ。殴ってみろ、とか相手をあおること。でもさ、普通は言ってるだけでホントに殴りはしないよな」

「信長は、ありえない方法をとった」

「ほんとほんと」

「ありえないパターン」

「のび太がジャイアンから『殴ってみろ』と言われて、本当にジャイアンを殴って倒しちゃった、みたいな感じ」


戦国武将・織田信長の話を、まるでクラスで起こった出来事のように、見てきたようにみんないきいきと話す。

授業を聞いている子たちから、鋭い質問が飛び出します。疑問があればすぐ、口を差し挟みます。感想を言ったり、たとえ話を持ち出したり、ちゃかしたり。浮かんできた言葉を、次々に口に出す。

にぎやかな学級新聞

この授業での発言は、基本的に自由。

「ハイ！」と手を挙げ椅子から立ち上がって発言してまた座る、ということは、一切なし。立って座るというその時間が、もったいないから。

先生役の子は、何ヶ月もかけて授業の準備をしてきました。

年号や人物の名前を暗記するだけでは、とても人前ですらすらと話すことはできません。いきなり飛んでくる疑問、質問にも答えることは不可能です。

だから、歴史の知識をしっかり自分のものにできるまで、繰り返し繰り返し本を読んだり、調べたりするのです。

自分の言葉として話せるようになるまで、深く理解しようとするのです。

まるで、戦国時代の専門家になってしまうくらい必死に、何時間もかけて。

だから、話がイキイキとして血が通ってくる。

聞いている方も、「そうか」「なるほど」と腑に落ちる。

複雑にからみあった歴史上の事件や出来事を、小学生が、小学生にわかるような簡単な言葉でかみ砕いて話してくれるのだから。

みんな、「織田信長」という人物のことを隣町の市長くらいの親近感をもって理解していくのです。


小学生が、先生役。

一見、奇抜に見えるかもしれません。

かなり風変わりな授業。

でも、ボクの教室では特別なことではありません。

話す方も聞く方も、自然体です。

わざわざ変わったことをする必要がどこにあるの？　と思う人もいるでしょう。

教室には、ぬまっちがでんと構えた「大漁旗」が

でも「学び」という点から見れば、実はちっとも奇抜ではありません。

500年前の歴史を、小学生たちがリアルに理解できるとすれば。

この歴史の授業は「教育」としてど真ん中、スタンダードです。

この授業を見学したあるジャーナリストは、「これってまさしく、いま話題のアクティブ・ラーニングそのものですよね！」と興奮したように、ボクに感想を伝えてくれました。


子どもたちは、戦国時代について理解できました。それでまず「1点」。

授業を進める先生役の子は、猛烈に勉強しました。その学びに「1点」。

さらに、友達から認められたり褒められたりするので、もう「1点」。

先生にも褒められるから、また「1点」。

親御さんから、よくが頑張りましたと言われて「1点」。

合計「5点」。

**普通の授業なら子どもが得るのは「1点」だけなのに、この授業では、同じ時間の中で「5点」もとれる。**

## 子どもたちが手にする収穫が5倍に膨らむとしたら、さあどうでしょう？

ボクの教室の授業スタイルは、「子どものモチベーションを上げる」「やる気を引き出す」「楽しく学べる」型破りな授業として、テレビのニュース番組で特集されたり、新聞や雑誌、ネット記事などで紹介されたりして、少しずつ人々の目に触れるようになってきました。

関心を持っていただける方が増えてきた感じがしています。

なんだか夢のようです。

きっかけは、一つの新聞記事でした。

5年ほど前……

公開授業の際には20人ほどいた見学者も、その後の協議会の時間になると、たった一人だけという閑古鳥《かんこどり》が鳴く状態に。

その一人は、たまたまボクのクラスに遭遇して「なんかおもしろそう」と足を止めてくれたのです。

しかもその人、なんと新聞記者さんでした。

しばらくして、全国新聞にボクらのクラスが初めて載ったのです。
感動的な瞬間でした。
今でも忘れられません。

教育ルネサンス　やる気の秘密　7

No.1451

# 児童「内閣」授業で「先生」

「書き順いくよ。一、二、三」。黒板の前で新しい漢字を教える「先生役」の児童に合わせ、全員が空中で指を動かす。3月、東京・世田谷区の東京学芸大学付属世田谷小学校4年1組。先生役の児童の席には担任の沼田晶弘教諭(35)が座り、ノートを代筆する。「自分が教えると思うとよく勉強するよ」と女子児童。

このクラスは、みんなで選んだ「内閣」が学級をリードし、授業の運営にも関わる。総理は班の中で交代で務め、文部科学、環境、厚生労働の各大臣の下に各省を置く。国民ならぬ「クミン（クラス民）」のため、「文科省」はテストの予想問題も作る。毎週の選挙で「政権交代」もあるから、成果にはこだわる。

沼田教諭は、アメリカでスポーツ経営学やコーチング論を学び、大学教員から転じた異色の経歴の持ち主。2年前、担任になった初日、「君たちを信じて任せる」と宣言した。以後、最も意識してきたのは、やる気のスイッチをあえて「切る」ことだった。

授業の45分間集中し続けるのは難しいが、緩急をつければ勢いづく。朝の会で30秒間限定のスピーチ練習。わっと騒いで一瞬で沈黙する練習。3度手をたたいたらその人に注目。最初はゲーム感覚だったが、すぐに子どもたちは、「オン」「オフ」を切り替える快感に目覚めていった。

忍者のように校内を静かに移動。全校集会が始まった瞬間、全員で姿勢を正す。給食を毎日完食する。自分たちで考えて達成するのが面白くなり、一体感も生まれた。

給食後の掃除は、内閣の段取りの力の見せ所だ。先生がパソコンで流す3曲の間で終わらせるため、係は決めずに全員で流れを見て動く。ほうきは同じ方向に掃き、使ったぞうきんを誰かがまとめる間に机運び。子どもたちがテキパキ動き回る中、先生は机で家庭学習ノートにコメントを返すのに集中していた。

「今2曲目の半ば。急いで」。トランシーバーで内閣メンバーが特別教室への出張掃除組に連絡した。ダンダンダンダン。全員席につくまで机を打ち鳴らし、総理の合図でハイ、終了。一瞬で子どもたちは遊びに散った。開始から約11分。当初の半分に短縮し、昼休みに遊ぶ時間も増えた。

「子どもがいいから先生が取材されるんだよ」。子どもたちの冗談交じりの言葉に、先生はニヤリ。「自分たちならできる」という自信こそ、クラスの最大の財産だ。

（片山圭子、写真も）

㊤「内閣」の班を囲んで座り、全員で漢字の書き順を練習する。「先生役」のリードで学習も進む　㊦毎週行われる「内閣の選挙」。公約発表の後、投票が行われる（いずれも3月1日、東京学芸大付属世田谷小学校で）

ぬまっちのクラスを紹介した初めての記事
（「教育ルネサンス　やる気の秘密」『読売新聞』2011年5月20日付朝刊。第1章の末尾に全文を掲載）

「自分はできる。失敗しても大丈夫、怖くない」
一人一人の子どもたちに、自信を持ってもらいたい。
ボクが教育の中で求めたいこと。
そのために、どうしたらいいだろうか。
どんな方法があるだろう。
**もっともっと、新しいやり方があるのではないか。**
**現状を打ち破っていく、ワクワクする工夫はないだろうか。**
それが先生としてのボク自身のテーマなのです。

そんなボクが考える、教育・子ども・学校・友達・教師とは……

## 1 ボクが考える「教育」の目的とは、自立支援です。

教育とは、子どもたちが受け身になって知識を先生から教えてもらうことでしょうか。
自分の頭で考えて、仲間たちと話し合って、自分たちで判断して、みんなに伝えていく。

ボクは、子どもたちがそんなふうに自立していくのを支援することが、教育の役割だと思っています。

自分の力で課題と向き合い挑戦した体験は、自信を育みます。

## 2 ボクが考える「子ども」とは、体の小さい一人の人です。

みんなの前に立ち、教師という役をやる子どもたちは、何ヶ月もかけて準備しなければなりません。授業の日、本番に臨むときは堂々たるティーチャーに変身します。

子どもだから心配。できないかも？　なんて考え方はボクの中にはゼロ。

子どもたちを「子ども扱い」しません。

大人と比べれば体は小さいけれど、一人の人として信頼し、どんどん任せていろいろやってもらう。そうすると、次から次へとできるようになっていくから不思議です。

信頼し任せることで、子どもたちの可能性は驚くほど膨らんでいきます。

## ③ ボクが考える「学校」とは、生きていく力を身に付ける場所です。

学校と、学校の外をくっきりと線引きしたくはありません。

教育が社会と切り離されてしまったら、何の意味もないからです。

学校は、子どもたちが「社会で生きる力をつける」ための学びの場所だから。

世の中の空気や社会の出来事を教室の中に呼び込み、毎日の授業とつなげていくような学びの体験を、ボクは子どもたちと共有したいと思っています。

## ④ ボクが考える「友達」とは、チームワークの楽しさを分かち合う相手です。

クラスは、一つのチームです。

一人一人が全体の目標に向かって努力を重ね、得られた成果をみんなで分かち合うのがボクのクラスの特徴です。

クラスが一つのチームになれば、一人でやっている時よりも何倍も楽しい。挑戦する勇気も湧いてくる。仲間たちと力を合わせれば、元気ももらえる。

掃除でも授業でも運動会でも、チームワークの楽しさを体験して、いつまでも忘れることのない最高の思い出にしてほしい。それが人生を生き抜く力になると思うから。

## 5 ボクが考える「教師」とは、子どもたちの能力を引き出す人のことです。

子どもたちが持っているもの。それは無限の可能性。

どんな子でも、一人一人が可能性を持っています。先生の仕事とは、それを見事に開花させる、きっかけを生み出すことです。

この五つが揃えば、「世界一のクラス」と胸を張って言えると思っています。

## (コラム)ぬまっちがメディアから注目された理由
### ——読売新聞「教育ルネサンス」より

やる気の秘密❶——児童「内閣」

### 授業で「先生」

「書き順いくよ。一、二、三」。黒板の前で新しい漢字を教える「先生役」の児童に合わせ、全員が空中で指を動かす。3月、東京・世田谷区の東京学芸大学附属世田谷小学校4年1組。先生役の児童の席には担任の沼田晶弘教諭(35)が座り、ノートを代筆する。「自分が教えると思うとよく勉強するよ」と女子児童。

このクラスは、みんなで選んだ「内閣」が学級をリードし、授業の運営にも関わる。総理は班の中で交代で務め、文部科学、環境、厚生労働の各大臣の下に各省を置く。国民ならぬ「クミン(クラス民)」のため、「文科省」はテストの予想問題も作る。毎週の選挙で「政権交代」もあるから、成果にはこだわる。

沼田教諭は、アメリカでスポーツ経営学やコーチング論を学び、大学教員から転じた異色の経歴の持ち主。2年前、担任になった初日、「君たちを信じて任せる」と宣言した。以後、最も意識してきたのは、やる気のスイッチをあえて「切る」ことだった。

授業の45分間集中し続けるのは難しいが、緩急をつければ勢いづく。朝の会で30秒間限定のスピーチ練習。わっと騒いで一瞬で沈黙する練習。3度手をたたいたらその人に注目。最初はゲーム感覚だったが、すぐに子どもたちは、「オン」「オフ」を切り替える快感に目覚めていった。

忍者のように校内を静かに移動。全校集会が始まった瞬間、全員で姿勢を正す。給食を毎日完食する。自分たちで考えて達成するのが面白くなり、一体感も生まれた。

給食後の掃除は、内閣の段取りの力の見せ所だ。先生がパソコンで流す3曲の間で終わらせるため、係は決めずに全員で流れを見て動く。ほうきは同じ方向に掃き、使ったぞうきんを誰かがまとめる間に机運び。子どもたちがテキパキ動き回る中、先生は机で家庭学習ノートにコメントを返すのに集中していた。

「今2曲目の半ば。急いで」。トランシーバーで内閣メンバーが特別教室への出張掃除組に連絡した。ダンダンダンダンダン。全員席につくまで机を打ち鳴らし、総理の合図でハイ、終了。一瞬で子どもたちは遊びに散った。開始から約11分。当初の半分に短縮し、昼休みに遊ぶ時間も増えた。

「子どもがいいから先生が取材されるんだよ」。子どもたちの冗談交じりの言葉に、先生はニヤリ。「自分たちならできる」という自信こそ、クラスの最大の財産だ。

（初出：『読売新聞』２０１１年5月20日朝刊「教育ルネサンス」）

## やる気の秘密❷——探求心引き出す
# 「納得感」

「先生が予定通りまとめようとする授業はイヤ。見え見えだから」「教科書通りでいいから一工夫ほしい」。子どもたちが大人に交じって議論する。文部科学省が推進する「リアル熟議」が3月5日、「若手教師の育て方、育ち方」をテーマに都内で開かれ、東京学芸大学附属世田谷小学校（東京都世田谷区）４年１組の代表10人が参加した。

進行役を務めた担任の沼田晶弘教諭（35）が熟議

終了後、子どもたちに感想を聞くと、「大人は上から子どもを見ている。何を与えるかの話ばかり」と不満の声が返ってきた。

「教育は自立支援」と考える沼田教諭。「自分たちで決める」運営で自信をつけてきた子どもたちは、「納得できない」「リアル(現実的)じゃない」ことに違和感を隠さない。例えば「デシ・リットル」の単位の勉強では「全然使わない単位をなぜ勉強するのか」と疑問が出る。先生が「確かにそうだね。でも、升を使う豆の量り売りには欠かせない単位なんだって」と教えると目を輝かせた。

逆に、「知りたい」「やりたい」と思えば探求心の魂《かたまり》になる。夏の移動教室では、計画段階から地図を頼りに遠足の距離を求めた。行きたい公園まで歩くと何分かかるか。歩数計で1歩の距離を測り、歩くペースを合わせる作戦も立てた。当日は13キロ・メートルもの道のりを全員が歩ききった。

昨年度、2学期から取り組んだ総合学習のテーマは「映画作り」。沼田教諭もさすがに「無謀では」と伝えたが、子どもたちは引き下がらない。監督、脚本からカメラの配置、大道具作りまで分担し、映画の中心となるダンスも連日猛練習。2週間かけて作った小道具が使えないなど、計画変更や失敗にも「やめたい」という弱音は出なかった。

映画完成を控えた3月、近くの老人ホームでライブ公演が実現した。マイケル・ジャクソンの難しいダンスを踊って喝采《かっさい》を浴びたが、沼田教諭が「真価を発揮した」と感じたのは公演の後だった。

舞台で始まったお年寄りの盆踊り練習に飛び入り。社交ダンスの相手も買って出て、話もはずんだ。普段から「先生の指示待ち」ではこうはいかない。遠くから見ていた沼田教諭は「やればできるんですよ」とつぶやいた。

4月の全校集会で、クラスと担任替えが発表された。最後に、1組全員が声をそろえて先生の背中にかけた言葉は「いってらっしゃい!」。成長の証しの一言だった。

(初出:『読売新聞』2011年5月21日朝刊「教育ルネサンス」)

# 第2章

# ぬまっちのクラスでは、何が巻き起こっているの？

キモチイイー
GO! GO GO
3-1

ok ok
4-1
ok. ok. ok.

## ★3年1組、2年間の旅へようこそ

これからボクが担任した「3年1組」、そしてそのまま持ち上がった「4年1組」の教室で、どんな変化が巻き起こったのか、具体的にお話ししてみようと思います。

4月になると、子どもたちとボクは教室で出会います。だんだんお互いを知るようになり、少しずつ馴染んでいきます。最初は一人一人バラバラだった37人が、いったいいつ頃からどんな理由で一つの「クラス」としてまとまっていったのか。ポイントとなったいくつかの「きっかけ」が教室の中から見つかるはずです。

例えば、「3年1組」を一つの飛行機にたとえてみると、おもしろいかもしれません。最初はたまたま「3年1組」という飛行機に乗り合わせた他人同士。クラス替えで偶然一緒になっただけで、隣の人は見知らぬ相手です。搭乗したばかりの時、客席にはピンとはりつめた空気が漂っています。

ボクは「担任」という名前のパイロット。はじめに、この飛行機を滑走路へと移動させエンジンの回転をあげていく。

まずは、機体を無事に離陸させることが仕事です。

こうして、「3年1組」の旅が始まります。

高度が上がって安定飛行に入ったら、客席のみんなもシートベルトをはずして少しリラックス。

乗客同士、自己紹介をしあうと、座席の空気は一気に和みます。

しばらく飛行したら、子どもたちにも飛行機の操縦方法を少しずつ覚えてもらいたいのです。ボクの方は、操縦士から副操縦士へと役割を変えて少しずつ退いていきます。

いずれは子どもたちに操縦の全てを任せるつもりなんです。

そうなったら、ボクは操縦室から外へ出て客席へ。

みんなのお手伝い役、客室乗務員です。

最後は一人の乗客となって、窓からの景色を楽しみます。

そしていよいよ目的地へ。

「4年生修了」へと無事に飛行機を着陸させて2年間の旅は終わりを迎える、というわけです。

「小学校3年生に飛行機の『操縦』そのものを任せてしまうのか」

「授業をリードさせたりクラス運営に関わらせるなんて、無理・無謀ではないか」

そう思われる方もきっといらっしゃるでしょう。

子どもたちは「教えてもらう側」で、教える側ではない。教えるのは教師の役目であり、学級運営は先生の仕事だといぶかしがる方もいるでしょう。

そうしたたくさんの疑問に答えるために、2年間の旅の様子をさあ一緒にご覧いただきたいと思います。

## ★新学期、勝負は最初の日

4月の新学期、最初の日。

新しいクラス「3年1組」のメンバーになった子どもたちは、ボクという担任を前にして、ちょっととまどったような表情をしています。

全く知らないオトナが担任として立っているわけですから、緊張するのはまあ当然のことですよね。

ボクが、いったいどんな人間なのか？

何も、知らない。

その上、第一印象がまた風変わり。

ボクの風貌は前髪を立てて金色のネックレス。赤いジャージに赤い靴。上から下まで真っ赤。


どう見ても、他の先生たちから浮いている。

近所にいそうなちょっと怖いお兄さん、でしょうか。


表情が硬いままの子どもたちを引き連れて、ボクは3年1組の教室へと入りました。

めいめいが2年生の時に元いたクラスの教室から3年生の新しい教室へ。1時間かけての大移動。引っ越しを終えてとりあえず席に座った子どもたちは、キョトンとボク

東京学芸大学附属世田谷小学校に来て2年目のぬまっち

を見つめています。

ボクも何も言わない。

しらっとした空気が教室に広がり始めます。みんな、担任のボクが口を開くのをじっと待っています。


あなたはいったい何者ですか——子どもたちの目はそう問いかけてきます。

この真っ赤な姿をした先生は、どんなキャラクターなんだろう。

そう思いつつ、最初の言葉を待ち受けているのです。

「こんにちは。沼田晶弘と言います。これからみんなで楽しく学んでいきたいと思っていますので、どうぞよろしく」という言葉をみんな予想していることでしょうね。しかしボクはまだ口に出しません。自己紹介をするその前に、したいことがあるからです。

「みんなの顔と名前を覚えたいから、全員の写真を撮るよ」

ボクはそう声をかけて、生徒たち全員に順番に並んでもらいます。

一人一人の記念写真をカシャッ。

それが、新しいクラスになった初日に必ずやる習慣。ボク自身の中で決めていることなんです。

なぜ写真なんかにこだわるの？

自己紹介してからだって、別にかまわないじゃない？

そう思われるでしょうね。

いや、理由があるんです。

自己紹介の、前と後とではまったく違うんです。

ボクは、不信感でいっぱいの、緊張した表情のまんまの子どもたち一人一人の顔を、どうしても記録しておきたい。

最初のこの写真こそ、3年1組の出発点であり、原点だから。

これから少しずつ、クラスという集団に慣れ、友達が増えて勉強も進み、運動会や林間学校といったイベントを体験していく、その前の顔。

小学3年生から4年生は、大きく成長し、変化していく時期です。その途上で、折々に、ことあるごとに、この写真と今とを並べてみる。そうすれば、たちどころに成長や

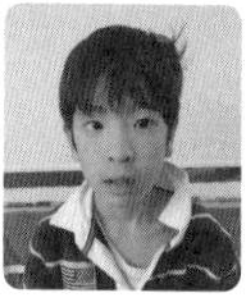
before

after

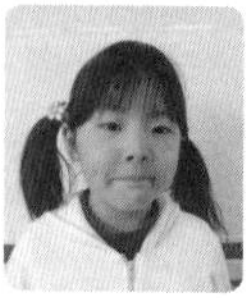
before

after

変化がわかるはず。

子どもたちがどれくらい伸びたのか。どんなに大きく育ったのか。

言葉による説明なんて必要ありません。この写真と比べれば一瞬で、見てとれるんです。

だから、最初の写真は真っ白の、ゼロの瞬間を撮っておきたい。

出発点そのものの記録として。

緊張したままのそれぞれの写真を撮り終えたら、さあ、やっと自己紹介です。

「はじめまして！　沼田晶弘と言います。世界一楽しいクラスを目指していろいろなことにチャレンジしていきたいと思っています。２年生の時は年上の人たちや先生に助けてもらうことが多かったはず。でも、３年生になったからには、なんでも自分でできるようになりたいですね。それを目標にしたいと思います」

率直に、素直に、ボクが考えていることを話します。

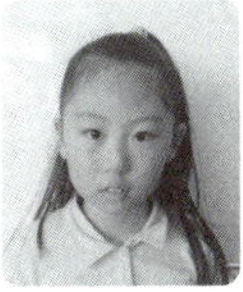
before

after

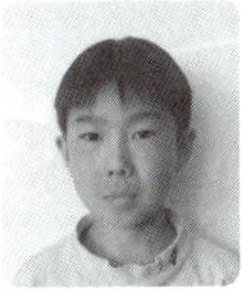
before

after

3年1組を、「世界一楽しいクラス」にしたい。

「世界一」という言葉は、ちょっとオーバーに聞こえるかもしれませんが、もちろん本気です。そこに込めた狙いと意味は、後にまた詳しく説明したいと思いますが。

とにかく**目標は、たった二つ。**

**世界一楽しいクラスにすること。**
**何でも自分でできる人になってもらうこと。**

そして、みんなにも自己紹介をしてもらいます。

口を開き始めると、こんなことを言う子がいたりします。

「私の好きな食べ物は、イチゴです」

その言葉を聞いてすかさず、ボクはつっこむ。

「でも、給食に出てくる食べ物は決まっているんだから、今そういう情報はいらないんじゃない？　もっと君自身がわかるような話をしてよ」

子どもたちは「あれっ」という顔をします。

いつものような自己紹介とは、ちょっと違うみたい。この先生、なんだか妙に友達っぽい。もっと本音で話してもいいって言っているのかな。思ったままを口に出してもいいのかな。

3年生は鋭い直感力をもっています。ボクがつっこみを入れた時の一言で、その言葉にこめた「狙い」を、ささっと読み取っていきます。

次の子が口を開きました。

「私は読書が好きなんですけど、図書室で本を読むのは実はあまり好きじゃありません。気が散ってしまうからです」

みんな本音を出し始めました。

ボクも本音で話します。

「教師の仕事が好きか嫌いかと聞かれたら、嫌いだけど好きって答えます。だって、両方の気持ちがあるから」

そんな風に同じ目線に立って、正直にフラットに話します。

相手が大人だろうが子どもだろうが、ボクのスタンスは基本的に同じです。

自分のことを素直に理解してもらえるように力を注ぎます。子どもたちの目が丸くなります。

恐いと思っていた先生のイメージが、「ちょっとオモシロイかも」に変わりはじめたのです。

「何を話してもいい」「何を言っても大丈夫」。この教室ではどんな意見を言っても安心。まず、そんな雰囲気をつくること。

場の空気が一気にゆるんでいく瞬間です。

## ★子どもたちと一緒の目線で

「ボクの伝えたいことは最初に言ったので特に付け足すことはありませんが、一つだけお願いがあります」とボクは切り出します。

「ボクはプロフェッショナル、つまり職業として先生をしています。だから、学校の中ではもちろん先生です。でも、学校を一歩出て外で会った時には、『先生』と呼ばないように。これだけは絶対、約束してね」

「えーっ、ウッソー」

「じゃあ、外で会った時に、何て呼べばいいんですか？」

「それは自分で考えてよ」とボクはすかさず返します。

「『沼田さん』とか？」

ははははっと笑いが巻き起こります。

「なんかへん！」

「沼さん」

「沼ちゃん」

「ぬまっちとか？」


「呼び方は自分で考えて」というボクの投げかけには、いくつかの思いを込めています。「いちいち教えなくても考えられるでしょ」「みんなが同じ呼び方をしなくても、いいんじゃない」「あなたと私は対等ですよ」といったボクからのメッセージなんです。それは「子どもというよりも一人の人として信頼しているよ」という、基本スタンスの表明でもあります。

これはすごく子どもたちの心に響きます。

3年生はたしかに子ども。でも一方ではそれなりに成熟していて、さまざまなことを感じ取り理解している、大人的な存在でもあります。

なのに皆いつでも子ども扱い。先生が上から目線で指導して、指示をする。そうした一方的な扱いに、無意識に反発を感じてもいるのです。あなたが小学生だった時のことを思い返していただければ理解できますよね。

## ボクの基本スタンスは、生徒たちを「子ども扱いしない」ということ。

基本的に、子どもだろうが大人だろうが一緒。

「子どもだからこれはできない、あれはできない」という考え方を、ボクはとりません。

**ボクのもう一つの基本スタンスは、指示を出さないこと。**

**理由は「自主性が育ってほしい」といつも考えているからです。**

「先生、牛乳がこぼれました」

たとえば生徒がそんな報告をしてきたとします。

「はい、わかりました」

ボクの答えはそれだけ。何も手伝いませんし、ああしろこうしろとも言いません。

ボクが何も言わないということは、「ちゃんと自分で拭いてね」というメッセージだと、子どもたちは察知します。

もちろん、判断できないことだってありますよね。はじめての出来事にぶつかってとまどったり、いろいろと迷うこともあるでしょう。

「先生、こんな時はどうしたらいいの？」と質問をしてくる子もいます。

そんな時、ボクは答えます。

「そうだなぁ、どうしたらいいかな？」

そして、質問を返します。

「君はどうしたらいいのか、どうしたいのか、もう少し考えてみて」と。

新学期の最初の日、こんなことがありました。

生徒たちが聞いてきたのです。

「先生、お弁当はどこで食べたらいいですか？」

通常なら学校給食が出るのですが、今日は新学期の最初の日。特別にお弁当持参です。新しい担任がどんなふうに指示をしてくるのか様子をうかがっているのが伝わってきます。その気持ち、もちろんよくわかります。

「君たち、この学校の何年生？」とボクは聞き返しました。

「3年生」

「ってことは、新学期最初の日がお弁当だってことを知ってるよね。何回も体験しているわけだよね。ボクよりも、その経験が多いんだよね。だったら、だいたいのことはわかってるんじゃない？」

みんなは「うん」とうなずき、教室内や校庭へ三々五々散っていきました。

学校の構内は、よほどのことがない限り危険性はないでしょう。他人に迷惑さえかけなければ、それぞれが自分の判断で好きな場所で食べても問題はありません。そう、ちょうど大人が公園で昼食をとるのと同じように。

午後の授業開始にちゃんと席に戻ってくれればいいだけ。

そうではなく、日常の中の細々したことについて、大人がいちいち指示を出していくと……？　どんな子どもたちが育つか。

答えは明白です。

「先生、トイレに行っていい？」といつも聞いてくる。「忘れもの、どうしたらいいでしょうか？」と、指示待ち族になる。

答えを求められるボク側としても、「先生に確認する必要があるの？」ということになります。

もちろんはっきりと指示を出す時はあります。出さなくてはいけないタイミングがあります。

たとえば、「気持ち悪くて吐いた時は任せろ」。

病気、身体に危険性があること、災害時の安全確保など、緊急時の対処はもちろん担任であるボクの仕事です。当然、子どもたちに指示を出して、従ってもらいます。

でも、それ以外の日常の中のことは、基本的に子どもたちに任せます。

自分で考え、自分で取り組んでもらいます。

## ★ダンシング掃除の誕生

あまりにもボクからの指示が無いと、子どもたちは最初のうち面食らいます。

けれども同時に、彼らはすごい察知力を持っている。だから、超スピードでボクの「ねらい」を理解してしまうんです。

「あれ、この先生、待っていても何も言わないぞ」

そこから、「ならば自分でやらなきゃ」へと変わるのに、たった1日か2日。相手がこれまでと違うことをすぐに察知して、新しい飛行機の乗り方、乗り心地にすばやく適応して慣れていくんです。

まあ、考えてみれば、当然のことかもしれませんんが。

だって、これまで大人たちの多くは「まだ子どもだから」と、自由にやらせてくれなかったんですから。それを「全部やらせてもらえる」ようになったわけですから。子どもたちだって張り切ります。頑張ります。必要以上にやってくれます。

仕事を任せてもらえる幸せって言ってもいいのかもしれない。

それまで「ちっちゃい子」として扱われてきたからこそ、「もう君らはできるんだ、どんどんやってください」と信頼して託されることに、無上の喜びを感じているのです。

小学3年生は、自立する気持ちがどんどん芽生えてきている頃。「自分たちがやるんだ感」みたいな思いが、めちゃめちゃ高い時期。それができるととっても嬉しい。

ボクは、その「喜び」に火をつけたいんです。


新学期最初の日の予定がすべて終わり、さあ、掃除の時間になりました。

「ボクは教室の掃除はしません」と最初にはっきり宣言。

「掃除はみんなの仕事だから、任せるよ」

いくら任せてもらえると言っても、子どもたちも掃除みたいなものはやりたくない。イヤ。

掃除は、めんどくさくてやりたくない作業の代名詞。

そこへ、ボクはたたみかけるように、こう念を押す。

「それからさ、夜中にこびとさんは来ないからね」

グリム童話に『こびとのくつや』というお話がありますよね。小学生の頃、読んだ人も多いと思います。

あの物語では、夜みんなが寝静まった頃、こびとさんが現れてトンテンカンテンと靴を作ってくれる。わざわざその『こびとのくつや』を引き合いに出して、残酷にもボクはこう言い放つのです。

「でも、この教室にはこびとさんが来ないからな。キレイになれば君たちのおかげだし、汚かったら、それもまた君たちのせいだし。結果を見れば、はっきりしちゃうからね。どんなに汚い教室でも、後からボクが来てこっそり掃除し直したりすることは、絶対にないから」

普通、3年生の掃除といえば20分ぐらいは時間がかかってしまうもの。時間をかけて、しかも結果として、あまりキレイになっていないことが多い。先生が口うるさく指導しないと、すぐダラダラさぼり始める。それが普通なのかもしれません。

見えているゴミだけ手でつまんで捨てるか、適当にほうきで場所を移動させるだけ。

掃除の時間そのものが、何のためかわからなくなっている。

時間がかかるわりに、ちっともキレイにならない。

それは「やっている意味が無い」ってことですよね。

たかが、掃除です。

でも、されど掃除。

ムダにしていい時間なんて、無いはず。

目的のためにわざわざ時間をとるのです。あまりやりたくないのなら、いかに短い時間で楽しく掃除し「キレイになった」という成果を手にいれるのか。「いやだな」と思う作業ほど、どうしたらおもしろくなるのかを考えないといけない。と同時に、ちゃんと結果を生み出せる方法を探る。

こういうときこそ、ボクの出番です。

工夫をしてあれこれとアイディアを出すのが、ボクは大好きなんです。

最初の日だけ、ボクは効率的な掃除のやり方を細かく説明します。

いいか、音楽を3曲かけるぞ。

曲が終わらないうちに、掃除を終わらせろ。

合計でだいたい10分がメドだ。

ホウキは、右の端から左へ掃く。

その後を、ぞうきんが追いかける。

端まで行ったら、まずゴミを集めて捨てる。

きれいになったところに机を移動し、窓側から廊下側へと繰り返す。

ぞうきんがけが終わった瞬間、机を動かす。

掃除、終了。

何もしないでいる人や立ち止まっている人、そしてロスタイムを無くすこと。

最後にかかる曲だけはいつも同じ。「ルパン三世」のダンスバージョン。


音楽を使うのはなぜですか？　とよく聞かれます。

もちろん、理由があります。

**時計の針だけ見ても、「あと何分残っているか」といったことはまだ3年生だと理解しにくい。だから、音楽の進み具合で時間の経過を知らせる、そんな工夫です。**

「2曲目が終わった。あと1曲しかないから、スピードアップしなければ」と、自分で作業ペースを判断するための素材になるからです。

「ルパン」の曲の始まりは、もうすぐ掃除の時間が終わるよ、という合図。この曲は最後にバキューンという銃声音が響きます。その音が鳴る前に終わらせないと！　毎日聞いているとこの曲のこのフレーズならあとどれくらい時間が残っているか、もう終わりに近いなと簡単に見当がつくようになるわけです。

「やばっ、サビだ。残りあと1分」。子どもたちは自分でそう判断し、作業をスピードアップします。全員が音楽を媒介にして時間を共有し、20分かかっていた掃除が、半分くらいの時間でできるようになっていきます。

ところで2015年のいま、ボクが担任をしているのは6年生のクラスなんですが（第1章で紹介した歴史の授業のクラスです）、掃除のスタイルはこの章で取りあげている3～4年生のクラスと一緒。ただ、サビの部分になると手を止めて、みんなで一斉にダンスを始めるんです。踊りたいために、いっそう掃除を効率的にこなすという好循環。サビが終わるとすぐにまたテキパキと掃除を再開。その様子を見た教育実習生が「これ、珍だよ！　テレビに絶対出られるよ」と驚いたことをきっかけに、テレビ朝日系のバラエティ番組「ナニコレ珍百景」に子どもたち自らがエントリーして、見事採用。2015年7月に放送されました。

3年生だって負けていません。慣れてきたら、1曲減らしたりします。時間がその分、短くなります。どんどん効率化していきます。

何よりも、音楽にはリズムがありテンポがありますね。音が身体感覚に働きかけ、リズムやテンポが動きをつくりだしていくから、イヤな作業も楽しくなる。ダンス調の曲ならばよけいワクワクして楽しい気分が高まっていく。まあ、この章の主人公、3年1組～4年1組の頃は、サビに踊り出すことはありませんでしたが。

**みんなで一緒にリズムに乗ると、時間管理になり、自分の動きとみんなの動きが同調して気持ちいいし、チームワークも生まれる。一石三鳥というわけです。**

教室の掃除は自分の部屋を片づけるのとは違って、みんな一緒にやる作業。ほうき、ぞうきん。みんなの動きがかみ合ってくる。クラス全体がチームとして動いていく。だから、「組織として効率的に動く」ことを学ぶ、絶好の機会にもなるんです。

まあこんなに掃除の効率にここまでこだわる教師なんて、世の中にはあまりいないと思いますが。

ぬまっちのアクティブメソッド❶

# ダンシング掃除

最初にみんなでやり方を共有します。他の人の動きを知って、お互いにぶつかったり重複したりしないで効率的に動くことを考えるようにしていきます。

ホウキは、右の端から左へ。

ホウキの後をぞうきんが追いかける。

ゴミを集めて捨てる。

きれいになったところに机を移動。

その作業を、窓側から廊下側へと繰り返していく。

ぞうきんがけが終わった瞬間、

机が動くような、連携を作る。

最初はダンス系の音楽3曲以内約10分で終わらせる。

最後にかける曲だけはいつも同じ。「ルパン三世」のダンスバージョン。

＊ホウキ、ぞうきんがけの役割を決めないところもミソ（詳細は後述）

## ★コスパの発想がない教室

実はこの「ダンシング掃除」が生まれたのには、きっかけがあります。

あれはボクが大学時代のこと。

教育実習に行った時、体育の授業の準備体操を見た。

「ずいぶん時間がかかっているなあ」と感じました。2、3分で終わるはずの準備体操なのに、ダラダラやると長くなる。ストレッチとストレッチの間の切り替えに、妙に時間を食っている。一つ一つはわずかな時間のはずなのに、積もり積もるとけっこうなロスになってくる。

「なんだか効率が良くないな。もっと改善できるんじゃないだろうか」

ふと思いつき、クラスのおしゃまな女の子を集めて「準備体操を曲に乗せてやってみない?」と持ちかけてみました。すると、すごくうまくいった。全体的にキビキビ動くようになったんです。

準備体操の目的は、身体を慣らして動かすこと。

曲を使えば確実に短い時間内に終わり、リズムがあれば身体も動かし易い。

そう思いついたのです。

もちろん「掃除」に限りません。

「体を動かす」作業に、この方法がいろいろと応用できるわけです。


小さなムダと言えば、飛行機で働くキャビンアテンダント・客室乗務員の方から、こんな話を聞いたことがあります。

「お客さまの食事の準備をする時、棚の場所をちょっと変えると3秒早くなるとします。もし、それを100回繰り返せば、300秒が節約になります。だから、一つ一つの細かな作業について考えることは大事です。本当にこの棚でいいのかという確認や工夫が、私たちの仕事にはとても大切なのです」

300秒といえば5分。5分間という時間を短縮することを考えてCAさんたちが仕事をしていることを知りました。

その時、「先生という仕事も同じだ」とボクは思ったのです。


**このキャビンアテンダントの意識の高さと比べると、学校の先生はコストパフォーマ**

**ンス、効率性についてはあまり考えていません。だから、教室の中には節約できることがまだまだある。まだまだ工夫の余地がある。もっと改善ポイントを洗い出して整理することって、大事ではないでしょうか。**

何のためかと言えば、もちろん子どものため。

学んだり遊んだりする時間を、もっともっと豊かにするためにです。

時間というものだけは、一人一人平等に与えられているんです。同じ時間の中で何をするか。どれだけしたか。人生はそれによって決まってくるから。

## ★子どもだって、イヤなことはイヤ

目先のテクニック、方法論を工夫しているだけではありません。

ボクには、もっともっと根本的なところで教育に疑問があるんです。

**「大人が積極的にはやりたくないようなことも、子どもに対しては『教育だから』『将来のためだから』と、ついついやらせてしまう。それで本当にいいんだろうか」**ってことです。

百歩譲って、興味がわかないことでも報酬がもらえるから我慢してやる、ということが大人の世界には確かにありますよね。多くの仕事が、もしかしたらそういう要素を持っているのかもしれません。

ではもし、報酬をもらえなかったら？　どうでしょうか？　誰もやりませんよね。子どもだって同じ気持ちです。

ご褒美がなかったら、誰も取り組むはずがない。そんなことを子どもには「教育」としてやるように指示する。「明日までに漢字を全部覚えなさい」「計算して、正しい答えを出しなさい」「日本の歴史を暗記しなさい」「掃除しなさい」。

**このような指示では、子どもたちはそれらを学ぶことの意味がよくわからない。それなのに、**

### ぬまっちの本音

実はボク、クラス全員と毎日交換日記をしています。朝提出してもらい1日の合間合間に全員の日記を読みます。帰るまでには必ずボクのコメントを入れて返すんです。よく話をする子はいいんだけれど、そうでない子とは日記がコミュニケーションのツールになるのです。

でも、授業の合間では全員に返事を書く時間がとれません。だから、掃除の時間を活用しています。準備も片付けも全部、子どもに任せることで、ボクが日記に返事を書く時間が生まれてくるのです。掃除を手伝うことができない理由は、返事を書いているからなんですよ。

やらせる側は子どもたちの気持ちに気付いていないばかりか、できないと「意欲が足りない」と叱ったりする。

ちょっとおかしくありませんか？

給食を食べて掃除をして、午後の授業は1時半から始まります。つまり、掃除が20分かかる場合と10分で終わる場合とでは、「休み時間の長さ」「遊ぶ時間の長さ」が違ってくる、というわけです。

効率的な掃除をすれば、その分昼休みの時間がたっぷりとれる。遊ぶ時間が長くなる。

これぞ、ご褒美です。

やったことの結果が、自分たちにそのまま返ってくる。だからこそ、一生懸命になってやることができるんです。

大人が自分の意図のまま子どもたちを操作しようとしたり、テクニックだけ使って操縦するみたいなやり方は、ちっとも通用しません。はじめのうちは上手くいっても、長続きしません。子どもたちはすぐにそれを察します。結局は、大人が自己満足しているだけの結果に終わります。

教育の目的である「子どもの力を伸ばすこと」にはつながらないのです。

もっと子どもたち自身が学ぶことを受け入れて自発的に行動しなければ、教育に何の意味もありません。そのためには、**学ぶことの全体がどのようになっているのかを知ってもらう必要があるでしょう。学ぶことの意味や自分とのつながりが見えてこなくてはいけないし、何よりもやったことの結果が自分に返ってくることがとても大事です。**

掃除に限らず、そんなシステムをボクは教室の中に作り出したい。

教室内も、大人の職場や社会の成り立ち方と基本的には同じなんです。

### ぬまっちの本音

ボク自身、嫌いなことはとことんやらない性格です。同じことを繰り返すのも苦手。だから、学生時代、勉強も大嫌いでした。みなさんはどうですか？　嫌いなことをとことんやれますか？　それよりも楽しくって、ついつい自分からやりたくなってしまう。おもしろくて知りたい、自然に調べたくなる。そんなことなら続くはず。ワクワクするような積極的な体験じゃないと、続けることってできないと思うんです。

## ★芽生えてくるリーダーシップ

「ホウレンソウだけは、しっかりしろよ」

新学期の2日目。大切な原則を伝えます。

ご存じの、ホウ・レン・ソウ、です。

漢字で書くと「報・連・相」――「報告」「連絡」「相談」の略。ビジネスマンの方ならよく知っている用語ですね。大人の職場だけではなくて、教室内でも実はこれが基本になります。

「何か悪いことをしてしまった時、失敗してしまった時は、隠さずにちゃんと報告してきなさい。もしボクに報告してくれたら、どんなことであっても全力で守ってあげるから。けれども、もし他の先生経由でボクの耳に入ってくるようなら、君たちを守ることはできないぞ」

これは子どもたちとボクとの大切な約束です。

3年1組という飛行機の操縦桿を握ってもらうためには、基本的な信頼関係がなければいけません。

ウソをつかない。

隠しごとをしない。

その日にあったことを伝える。

子どもでも大人でも、「ホウ・レン・ソウ」の基本をしっかりと押さえることさえできれば、人と人との間の信頼関係はきちんと築くことができる。

ホウ・レン・ソウのワンシーンです。

「先生、今日の朝、バスの中でワイワイ騒いでたら別のクラスの先生に怒られてしまいました」

「わかった。はい了解」

「すいません」

「もう反省しているんでしょ。これからに生かしてね。一応、報告ありがとう！」

言いたくないこと、隠したいことは、それぞれあるはず。

失敗を素直に口にできる関係ができたら、たいがいのことは大丈夫です。

ボクは失敗を責めたり、とがめたりしない。

失敗したことは、失敗した本人が一番わかっているんです。それなのに、もう起こってしまったことについて、「なんでそんなバカなことをしたんだ」と言っても、意味がありません。

子どもと一緒になって起こった出来事を受け止める。それによって、お互いの間に安心感や共感できる関係が築かれていくのです。失敗を繰り返さないように、一緒になって原因を考えることもできます。

ボクと子どもたちとが一つ一つの問題や事件について話し合い乗り越えていく中から、お互い同士を認め合う信頼関係ができあがっていきます。

最初に目標を二つ、示しましたよね。

**世界一楽しいクラスにすること。**
**何でも自分でできる人になってもらうこと。**

何でも自分でできる、ということは、「任されるという責任を担う」ということ。

「自由」は信頼関係によって成り立つのです。

## ★火のつきやすいところから火をつける

2日目、掃除の時間になりました。

前日と同じ曲をかけて、自発的に掃除が始まるのをボクは待ちます。

掃除の方法はすでに説明してあります。

ただし、ほうきの係、ぞうきんをかける係、机を動かす係、といった役割分担についてはまだ何も決めていませんし、ボクからの指示も一切、出していません。

役割を決めてしまうと、ほうき係は「ほうきで掃く」ことしかやらなくなります。ぞうきん係なら、ぞうきんで「床をふけばいい」という気持ちだけになりがちです。教室の隅々まで掃除をしなければならないのに、他人や全体の動きについて観察したりチームワークについて考えなくなってしまう。

だからボクは指示を出さない。

音楽が始まりました。

誰も動かない。じいっと周りを見ているだけ。

何をどうしたらいいのかよくわからない感じで、ただつっ立っているばかり。

みんな、誰かが動き出すのを待っている。

そのうち、一人の女の子がいきなり教室の前にある台の上に飛び乗りました。

そして、声を出したのです。

「ほうきで、掃いてくれる」

「君は、ぞうきん」

「じゃ、あなたは机動かして」

バリバリと仕切り始めました。これにはボクもびっくり。

きっと、「このままではいつまでたってもみんな動き始めない。お昼休みがなくなっちゃう」と、その子なりに危機感を抱いたのでしょう。もしかしたら、お昼休みに誰かと約束があったのかもしれません。

その一人が積極的に指示を出すと、たちまち全体が動き出しました。

「リーダーシップが必要」

そう感じた子の中から、自発的にリーダーが生まれ出た瞬間でした。

3年生はそれくらいの自己判断力があります。クラスというチームには複数の人が参加している。だから一つになって動くためには指示を出す人が必要です。ボクは、声を出せる人にはどんどん出してもらいたいと思っています。指示が得意な子には、指示をしてもらいたい。そうやって芽生えてきたリーダーシップを「いいなあ、どんどんやって」と応援していきたい。

**「全員平等」「機会均等」なんてお題目は、ボクの教室にはありません。火のつきやすいところから火をつけよう。「やりたい」という気持ちをぐんぐん伸ばしていこう。得意な力を、もっと発揮しよう。子どもたち一人一人の「得意」をどんどん見つけていこう。**

会社の宴会でもそうですよね。司会はあの人、盛り上げ係はこの人、と得意分野があるはず。静かに誰かの歌を聞いている人もいれば、計算が得意で会計を担当する人、各々に適性がある。

掃除も同じこと。

運動神経のいい子はさっさと机を持ち上げて素早く運び、細かい作業が好きな子は黒板をきれいに拭いてくれる。

**優劣ではなく、それぞれが得意な分野で自分の力をどんどん出していけばいい。それがやる気につながる。**

「やりたい人は自発的にいろいろ提案していいんだ」「自由に挑戦していいんだ」「自分も、得意なことに手をあげよう」という空気が、だんだんに教室の中に漂い始めます。

掃除だけではありません。

リーダーシップをとる子どもたちが、授業の中にも出てきます。

だいたいクラスに一人や二人は何でも話したがる子がいるから、ボクが詰まったときはその子たちに突っ込んでもらったり。

一人だけ目立つのは良くないとか、発言回数はみんな平等にしようとか、まったく考えません。ある子が授業中に立ち上がり、ふらりと前に出てきて立ったまま動き回って発言していても、ボクはまず見守ります。無理に「席に座れ」とは言ったりしない。なぜなら、他の子どもの迷惑になっていないからです。いや迷惑どころか、発言した子のところへ行って盛り上げる役割をしていたり。ある種のチアリーディングですよね。

**「出る杭は打たれる。けど、出ない杭は腐る。腐るくらいなら打たれよう」というのが**

**ボクのモットーです。**

小学3年生になれば、どこかで聞いた新しい知識や、テレビで聞いた言葉もどんどん使いたい年頃。

子どもたちが口にした言葉に反応するのがボクの役目です。

「何それ？」「どういう意味？」「分かんない。教えてよ」

「えーっとそれはね……」とポツリポツリと説明し始める。

ボクは助け舟を出したり、他の子に話を振ったりして、どんどん話の輪を広げていくわけです。

みんなが話をする。話したいと思ったら口を開く。思ったことを素直に口に出す。「どうして」と問いかける。その答えをみんなで考える。だからボクは「MC型教師」というニックネームをもらった。子どもの中から出てきた言葉を、止めるのではなく外へぐいっと引き出していく、「番組MC」のような役割をしているから。

子どもたちの中にある可能性の芽を見のがさずに、それを伸ばす

議論の時間「はいはい！」と思わず立ち上がる

手伝いをしたい。いつもそう思っています。

## ★子どもの中で何かが変わる瞬間

忘れられないワンシーンがあります。

ある女の子が、周りの勢いに乗って、つい手を挙げてしまった。本当は自信がなかったんだけれど。

そうしたら、おそらく本人からすれば不覚にも当てられてしまった。もちろん、ボクからしたら「今がチャンス」と直感したからこその指名。

当てられたからには、とその子は一生懸命、言葉を探して、言葉を口から出しました。声を震わせながら。

そこからです。

一気に彼女の中で、何かが変わったんです。開花したんです。積極的に発言をする子に変わっていった。ボクは今でも、あの光景をよく覚えています。すごく印象的だったから。声が本当に、震えていたから。

そんな風にして、ふだん授業で手をあげない子どもに、ボクが敢えて発言を求めることもあります。

それができるのも、「何を言っても大丈夫」という安心感のようなものを、子どもたちがどこかに持っているから。ボクは毎日、交換日記を一人一人とやりとりしているんです。その子が今、何を気にしているか、どんな気分でいるのか、何にこだわっているのか、おおまかに掴んでいます。

そういうパーソナルなコミュニケーションが土台にあると、多少の無理や冒険もできる。**子どもの中で何か変わりそうな気配やチャンスにつながりそうな時、ボクは積極的に仕掛けていきます。**

「ちょっと今のっていいて何かいい感じだから、やってみない?」みたいな誘いかけもします。その子が変わるきっかけをちょこちょこと探っては、新しい力を引き出していき

**親たちの目**

今クラス委員をしていて周りも彼女はリーダー的な存在って思っている子がいる。でも、最初はすごくおとなしい子だったんです。引っ込み思案で自分から発言していくタイプではなかった。その子が大きく変わったので驚きました。人それぞれ、すぐには出せないけれどできることを持っていて、引き出していければ伸びる、ということの証でしょうね。

ます。もちろん、いつも成功するわけじゃないんですが。

「あっ、先生が何か仕掛けてきた」って、子どもの方が気づく時もあるし。

「仕掛けてますよ」ってこっちから宣言することもある。

　正解にたどり着くことが授業だと考えれば、みんなが思ったことを話す授業なんて、よけいな時間がかかったり、遠回りに見えるかもしれません。

　でもいろいろな個性の人たちが集まっているからおもしろい。一つのことを、いろいろな角度から見ることの方がおもしろい。

「なぜ」という問いに対する考えも、ぐっと深まるはずだと思うんです。

### ぬまっちの本音

　もちろんリーダーシップをとれる子は圧倒的に少数派です。他の子たちは、なかなか人の前に出てきて指示したりしません。静かな子が積極性を見せるようになり、発言しようとし始めると、みんなで「おおー」「珍しいじゃん」と盛り上げてくれる。バカにしている感じではなくて、「クラスがいっしょにまとまりはじめたぞ」という一体感を喜んでいるのです。「ちょっと静かにしてよ」「せっかくあの子が発言しているんだから聞いてあげようよ」という空気が生まれてきます。教室がスッと静かになる。それって、優しさであり、チームワークだと思うんです。

## ★一大イベント、最初の授業参観

新しい集団ができた時は、みんな不安です。

自分はどこに位置するのか、誰もが知りたい。

自分の居場所を探したい。

新学期が始まってしばらく経つと、それぞれの得意技や役割が見えてきて、自分の居場所もはっきりしてきます。

そして4月末、初めての授業参観日がやってきます。

ボク自身も緊張しますが、きっと、親御さんたちはもっと大きな不安を抱いていることでしょう。

クラスのこと、新しい担任のこと。子どもから教室の雰囲気をいろいろと聞いて、「何か変わった担任だな」「妙なクラスに入ってしまったけれど、うちの子、大丈夫かしら」「個性的な進め方をしているらしいけれど、それでも勉強に遅れは出ないのか」と、それぞれ心配しつつ、授業参観にいらっしゃいます。

ボクと親御さんとが直接顔を合わせるのは新学期の保護者会に続いて2回目。十分なコミュニケーションがとれているとは、とても言えません。

そんな中での授業参観です。

教室の様子を直接自分の目で確かめる初めての機会。だからたくさんの保護者たちがいらっしゃいます。

この日は、「3年1組」という飛行機が飛んでいく方向をきちんと指し示して、理解していただく機会なのです。このパイロットはちょっと風変わりだけれど腕はいいな、という印象を与えることができるかどうか。

ボクにとっても、勝負の日です。

もし、目的が達成できれば、今後のフライトは安定飛行に入るでしょう。

保護者の評価と一定の納得を得られれば、あとは多少の問題や失敗などが生じたとしても、「あのクラスはまとまりがあるからきっと乗り越えられる」「あの担任なら何とか対処してくれる」と信頼していただけるわけです。反対に、土台がきっちりとできないと今後のフライトはとても不安定なものになります。

つまり、最初の授業参観は親御さんとボク自身との間に基本的な信頼関係ができるかどうか、の分かれ目なのです。

参観日には授業だけでなく、もちろん掃除も見てもらいます。全員が整列してガーッと一気に動くと、親御さんたちは目をみはります。普段もの静かな子が、突然、掃除できびきびと動き回っている。そんな姿を見ると、とても喜んでくださいます。一人ではうまくできなくても、全体の流れと音楽のリズムに乗って全員がササーッと動くことができる、そんな姿は感動的です。

ところで保護者会では、風変わりな作業を行っています。

親同士が一緒にやる、「信頼構築プログラム」。知らない親同士の距離を縮めるための、取り組みです。

例えば、席を入れ替わりながら、隣同士で自己紹介。「あ、どうも、○○です」みたいなた

**親たちの本音**

担任が決まったとき「あのトサカ（注・髪の毛がツンツン逆立っていたから、蔭であだ名を付けていました。ゴメンナサイ・笑）に当たったよ、どうする?」って心配しあっていました。でも授業参観では驚きました。掃除の動きが整然としていて激しいし、早いし、きびきびしてる。

わいのない会話が、知らない者同士の距離を近づけます。さらに、綱引きゲームなどで手と手を直接触れあわせていただく。お互いの手をギュッと握りあう。会話だけでなくて、身体の接触が自然に生じるようなゲーム的プログラムを短い時間で親を相手に、敢えて行うことにしています。

15分ほどで、緊張していた関係が格段に緩み、うちとけます。

こうして**「親同士が結束する」ことが、子どもたちにも良い影響を与えてくれるのです。**「このクラスでよかったね」「どうぞよろしく」「力をあわせていきましょう」という感覚を、親同士で共有していく貴重な時間が「信頼構築プログラム」なんです。クラスがまとまっていくために必要不可欠な土台作りです。

**ぬまっちの本音**

子どものことだけ見ていれば教育は完結するとは思わない。いい意味で、親御さんを巻き込みたいし、それが絶対に2年間の安定飛行には必要なことだと思っています。親御さんとの距離を縮めてボクと保護者が互いに協力し合いながら、子どもたちを応援していくこと、互いにコミュニケーションを図ることが大事なのだと思います。

## ★5月　ビッグイベント運動会

5月になると、いよいよ全校あげてのビッグイベント運動会が開催されます。

毎年、子どもたちの活躍ぶりを見ているとボク自身が出場したくなる、なぜ教員は参加できないのか悔しい思いをする、そんな熱いイベントです。

「競技をやるからには勝つことを目標にするぞ」とボクは宣言します。

小学校の担任がそう言うのはイケナイことでしょうか？

「負けてもいいからみんなで参加して力をあわせることに意義があります」と言うべきでしょうか？

「みんな一緒、みんな平等でいい」という考え方も、たしかにあるかもしれません。

足が遅い子はいます。「運動が苦手な子がかわいそうではないか」「足が遅い子はいったいどうすればいいの」という疑問を抱く方もいるかもしれません。

「勝つこと」だけを目標にするなら……その子自身にとっても、見ている人にとってもキツいのではないか、という意見も一理あるのかもしれません。

でも、「負けてもいいからじゃんけんしよう」っていうのは、どうでしょう？

そういうのは、ありですか？　つまらなくないですか？　だったらじゃんけんなんてやらなくてもいいですよね。

## 運動会は競技会だ。だから、勝利を目標にする。

ボクははっきりとそう言います。

「勝ち負けが全てじゃない」という意見をよく聞きます。

もちろん、全てではないでしょう。けれども、そもそもスポーツって、勝利を目指すものではないかとボクは思っているんです。

**「負けるまでは、勝つことしか考えるな」「勝つにはどうしたらいいか考えろ」「負けた時のことは、負けてから考えればいい」**と子どもたちに言います。

例えばビジネスだって、同じではないでしょうか？

最初から「売れなくてもいいや」と思いながら新商品を企画したり販売したりする企業なんて無いはず。

「勝ち負けがどうでもいい」のであれば、運動会なんかやめてしまって、別のイベントを開催すればいいんです。でももし、運動会をやるのであれば、「勝とうよ」。これがあって、はじめて多くの工夫がうまれる。

それがボクの基本方針です。

ボクが発散させている勝利への意欲を押しつけるつもりはありませんが、3年1組の子どもたちは「やってみよう」と共感してくれました。子どもたちだけでなく親御さんたちも一緒になって、クラスみんなで「勝利」という目的に向かって一丸になって走り始めました。

運動会は、子どもだけの力ではなく家族の応援が力になる、チームワークのイベントです。

ということで、真剣そのものの勝負に向かってクラス全員が準備を始めました。

例えば3年1組が「勝つ」ために、いったい何をやったのか。

具体的にご紹介します。

リレーはこんな風に練習しました。

うちの学校ではリレーは全員参加です。足が速い子だけではなく遅い子も走ります。

そうなると、どんな順番で走るのか、が重要な問題になります。

一般的には、速い子の次に遅い子が走り、その後はまた速い子が走る、というサンドイッチ作戦になりがちです。

でももし、一番目の走者がトップを切って戻ってきたら？

その二番手に、足の遅い子がバトンをもらったら？

ものすごく荷が重くありませんか？

走り始めてからもきっと、追い抜かれてしまうのではないかと心配になり、何度も後ろを振り返ることでしょう。ただでさえ足が遅いというのに、抜かれてしまうかもと心配で気になって仕方がない。振り向くとよけいにスピードが落ちて、遅くなってしまう。親は自分の子のせいで抜かれたと罪悪感を抱き、「すみません、うちの子が遅くて」と応援席で周囲に謝りまくったりする。

これじゃ悪循環です。

はたして、サンドイッチ作戦の並べ方は「勝つ」ためのベストな方法なのか？

3年1組では、練習に入る前にまず「走る順番」について、じっくりと考えることにしました。

そして、従来のサンドイッチ作戦ではなく、足が「遅い」順に並べることにしたのです。

つまり、足の遅い子からゆっくりスタートして、だんだん速い子が走るという順序にしたのです。

もちろん、最初に出遅れることは、ほぼ間違いありません。

はじめから負けにいっているみたいな、奇妙な戦法です。

でも、第一走者が抜かれることだけは、絶対にありません。前をむいて走れるし、いかに差を広げられずに帰ってくるかだけを考えて走ればいい。

いや、多少なら差を広げられてもいい。遅くても、それは織り込み済み。たとえば4番ぐらいで帰ってくると、それでもOK。みんなには「頑張ったね」「よくやった」みたいな雰囲気で温かく迎えられて「この程度の差で帰ってくれてありがとう」と感謝されたりする。遅い子が最初に走るのは大変そうでいてそうでもないのです。考えると、メリットの方が多いでしょう。

なかなかいい戦法ではないでしょうか。

みんな、勘違いしています。人って3メートルの差を5メートルに引き離されても、ほとんど忘れてしまうんです。だけど、後ろの走者に追いつかれて「抜かれた」りすると、その記憶はくっきりといつまでも鮮烈に残ってしまう。後々までトラウマになっちゃうんです。

どのクラスにも、足が遅い子はいますよね。その子は、速い子に勝つのではなくて、遅い相手に勝てばいい。その子なりのレベルの中で、自分の最大限できるところまで準備して力を出す、そうした練習を重ねればいい。足が遅い子が1秒速くなるのは、速い子が1秒速くなるのよりもずっと簡単です。「お前らは練習さえしてくれればどんどん速くなるから」とボクは約束する。すると子どもたちは、自覚的に練習し始めます。放課後や休み時間にストップウォッチを持って走り始める。バトンの受け渡しを練習する。足の速い子も、アドバイスした

**ぬまっちのアクティブメソッド❷**

## リレーゆっくりスタート作戦

- 走る順番は、足が「遅い」順にする
- 遅い子の走り方を改善する
- 手をふる
- 後ろを見ない
- 速い子が遅い子に教える
- タイムを測って練習する
- 少しでもタイムが縮まったらみんなで喜ぶ
- バトンの受け渡し方を研究する

り、助けてあげる。

運動会を、苦手な子も嫌な思いをしないし自分の役割を頑張ろう、と思えるような時間にしたいんですよね。

運動会の全員リレーに、どのように臨むのか。走る順番を工夫して考えることで、大きな変化が起こる。

潜在的な能力を引き出すことができたり、意欲が高まったり、自分に対する肯定的なイメージを持つチャンスになったり。クラスが一つのチームとして結束したり。

運動会という機会を使って、すこしずつ自分の限界を打ち破っていくこともできる。

「運動神経が鈍いタイプ」というイメージを、固定化させず「得意」に組み変えてしまう。そんなことができたら、本人も親御さんもこれからの人生が百八十度変わっていくでしょう？

**生徒の声**

体を動かすのが苦手で走るのも遅かったので、リレーで一番手に選ばれた時はどうしようかと思いました。でも、走り方を教えてもらったり、バトンの受け渡しを何度も何度も練習するうちに自信がついてきて、タイムも段々速くなって、本番はとにかく思い切り走ることだけ考えました。その頃から走るのがイヤじゃなくなり、今は体育が好きになりました（タイムが遅かった子で、第一走者になった体験者）。

### ぬまっちの本音

クラス全員と仲良しになる必要はないんです。「みんな仲良しじゃなくてもいい。それより一つのチームとしてちゃんと動いて」って言ってます。たとえばジャイアンツの選手は全員仲良しか？　そうじゃないのでは？　でも「優勝」っていう目的に向かって、一人一人が役割を持ってそれをきちんとやって、力を合わせるから凄いんだ。「あいつとは相性あわないけど、ホームラン打つ実力は認めよう」ってことはあって当然。一人一人違う能力を認め合うのがチームワークの基本です。もう一つ、子どもたちに伝えているのは、人の夢を笑うなということ。だって可能性はゼロじゃないから。たとえばの話、努力したらオリンピックに行ける訳じゃないけど、オリンピックに出た人たちは必ず努力をしている。必ずしも仲良しじゃなくても、努力を認め合える、そんな関係を築いてほしい。

## ★ 勝つための戦略を考える

頑張ったら勝てるのか？
そういかないところが難しい。
つまり、「勝つ」にはそのための方法が必要です。

工夫しなくては、勝てないのです。

勝つためにはどこをどう練習し、何を磨くのか、身体だけではなくて頭も使わなくちゃ、ということです。

例えばスポーツには「フェイント」という戦略がありますよね。言ってみれば、相手をだしぬいたり、錯覚させて有利に立つ、トリッキーな技術です。小学校教育の「正々堂々と戦おう」という見方からすれば、「だます」ということに見えるかもしれません。でも、スポーツではそれも一つの戦略です。勝つための工夫、最善策を考えて挑戦する姿なんです。

実際の社会にはそうした工夫を求められるシーンはたくさんあります。だから、**たとえ小学校の運動会でも、工夫して勝利を手にすることは貴重な体験。なぜなら、社会で生きていく力をつけることが、教育というものの目的だから**です。

でも、ボクは「こうしたら勝てるからやってみろ」という指示は出しません。

ヒントを出します。

「どこに工夫の余地があるのか、まずは研究してみよう。練習して差が出る競技については、どうやったら勝てるかを徹底的に考えよう」

研究し練習を繰り返し、運動会までに得意種目にしちゃえ、ということ。あとは子どもたちが自ら考えて練習していく。

リレー以外の競技についても同じことです。

たとえば、3年生が参加する種目に、棒を持ってグルグル回る「タイフーン」という種目があります。棒の外側は走る距離が長い。だから、足が速い子がいい。内側は、踏ん張る役だから、身体が大きくて力が強い子がいい。中心で引っ張れるやつがいい。

自分たちでやれるようにお膳立てをして、いい点は褒めて評価し、上手く進んでいくようにサポートする。まあボクはスポーツチームにおける監督みたいなもの。

はっきり言えば、どんなに頑張って練習して運動会で勝ったとしても、一ヶ月もしないうちに子どもたちは忘れてしまいます。だけど、「みんなで取り組んで楽しかったな」という一体感や力を合わせた思い出は、必ずどこかに残る。

心を揺さぶられた感動的な体験は、人生の中で生きる瞬間が必ずあります。「このチームでよかった」「このクラスにいてよかった」「みんなで一緒に力を合わせたことが、むくわれた」という実感。運動会は37人が一つのチームになる大事なチャンスです。

## ぬまっちの本音

いじめ対策はどうしているかと聞かれたりします。いじめられそうな子がいたら、いじってクラスの中心に据えちゃう。いじめられっ子を持ち上げてスターにする。放っておいてもリーダーになるタイプとは違うから、なかなか主役になるタイミングがない。その時は話題を振ったり、役割を振ったり。足が遅い子がトップで走る、というのもそれとちょっと似ている要素があるかもしれません。

反対に、いじめるタイプの子は、エネルギーが余っているんだから、やるべきことを増やして忙しくすればいい。人をいじめている暇なんてなくなります。「人の悪口言ってる人は、悪口しか楽しいことないんだね、残念だね」みたいな空気を教室の中に作ることで、いじめはなくなっていくんです。

## ★ボクのブログ活用法

親と子で成長の過程を共有していくことは、小学校時代にはとても大事。運動会ならば家族も一緒に参加できるから、何が起こっているのか全てがわかります。親も子どもの苦労や頑張り、成長ぶりを共感しやすい。

でも、普段の学校は「ブラックボックス」なのかもしれない。外からはなかなか見えにくい。

ブラックボックスの中を知るための唯一の方法が、親御さんにとっては子どもの話なんです。でも、子どもだってバカじゃないから、自分が都合悪いことは言わなかったりする。多少、事実をねじ曲げたりして話すのは当たり前。その日に教室で起こったことを、親がありのまま知ることは、なかなか難しい。

親御さんに普段から3年1組のフライトに同乗している感覚を持っていただくためには、工夫が必要です。そこで、ボクはクラスメンバーだけがアクセスできるブログを始めました。もちろん紙に印刷して配る学級通信は出していましたが、「今日こういうことがありました」と、アップツーデートに知らせるにはネットは最速最強のツールです。

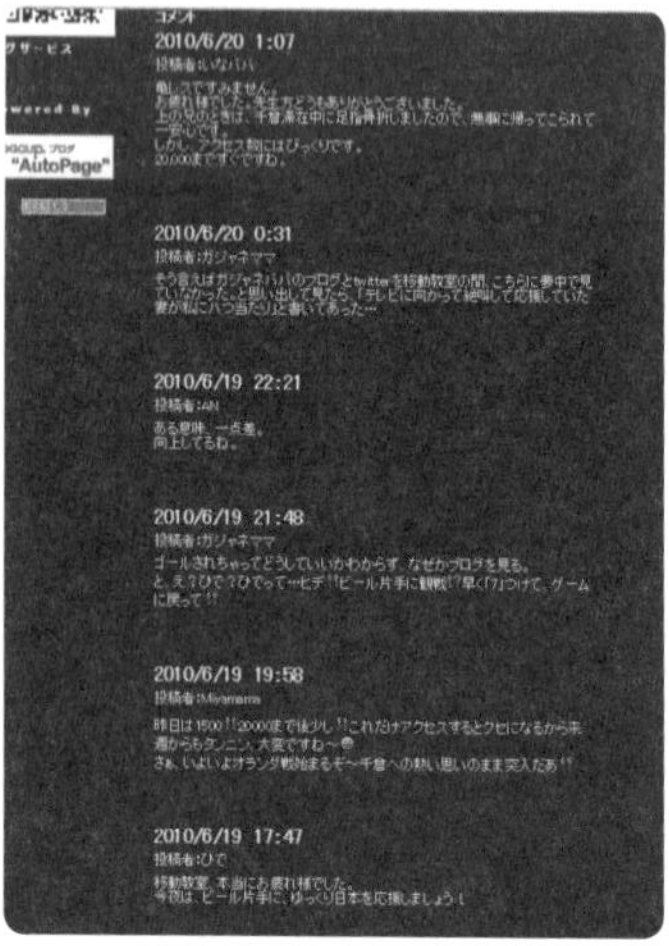


ブログでは自由研究の作品展も。親たちからのコメントがずらり

親御さんからすれば教室の様子を逐次知ることができる上に、コメントも書き込める。普段は忙しいお父さんも情報を共有できる。それだけで心配や不安感を減らすお手伝いができるのではないかと考えたのです。小学校教育の中で、情報技術を上手に活用するのは大切なことだと思います。

**父親の本音**　海外で単身赴任中です。ブログだと子どもの様子がすぐにわかってありがたく、拝見しております。クラスの溌剌とした様子が伝わってきて、元気も分けて頂いております。

## ★ 6月「内閣制度」が発足

ある時、一人の子が何かの拍子に、日直のことを「総理大臣」という呼び名で呼んだのです。

それにみんなが飛びつきました。

そのうちに「日直を総理大臣にして、クラスを一つの国みたいに運営したらおもしろいんじゃないかな」というアイディアが出てきました。

たまたまクラスの中に政治に詳しい子がいたので盛り上がりました。

「内閣という組織はこうなっているんだよ」とクラスメイトが解説すると、ますますおもしろくなっていきました。

「なるほど。そうか国会ってそうなっているのか。じゃあこのクラスにも内閣を作ってみようよ」ということになりました。

普段とはまったく違う役割になりきってお芝居の役者のように演じる。「内閣総理大臣」と呼ばれるだけでもワクワクしますよね。

最初は、一つの班が1週間内閣を担当することにしました。次は別の班が1週間、と順繰りに担当していく形にしたのです。

内閣の中の総理大臣、文部科学大臣、環境大臣、厚生労働大臣、官房長官について、それぞれ担当者を決めました。クラスのみんなは、「クミン（クラス民）」。

**ぬまっちのアクティブメソッド❸**

## 呼び名を変えよ

班は「チーム」。日直は「内閣」。生徒は「クミン」。

日記は「ＭＢ」。これは学級通信のタイトル「ＭｙＢｒａｖｅ」の略からとった名前。「ＭＢ書こうぜ」というと、喜んで日記を書くようになる。

呼び名を工夫するのはすごく大切。言い換えることで何かの役割になりきる〝ごっこ〟のようで、演劇的なおもしろさやゲーム感覚が出てぐんとおもしろみややる気が増すから。

ちなみに写真は２０１５年度のクラスのものですが、「ＡＣＣ」「ＯＬＴ」……自然発生的なプロジェクトがたくさん生まれています。もはや何の略称かわからないものもありますが（笑）。

東京23区の「区民」にも通じるネーミングです。

もちろん、ただ「内閣総理大臣」やいろいろな大臣を芝居のように演じるだけではありません。それぞれの大臣には大切な仕事があります。「クラス運営」という仕事です。これを進めていくのは、なかなか大変なんです。

運営の仕方はこうです。

みんなからの意見が出てきたら、「内閣としてどう判断するか？」を議論する。

そして、クラスのみんなの合意をさぐる。

最終的な決定権は内閣にあります。だから総理大臣は担任のボクより偉い。総理の命令にはボクも従わなければいけないわけです。総理が方針を決めたら、よほどだめじゃない限りボクはノーを言いません。

教室の中で「係」を決めないと言いましたが、その

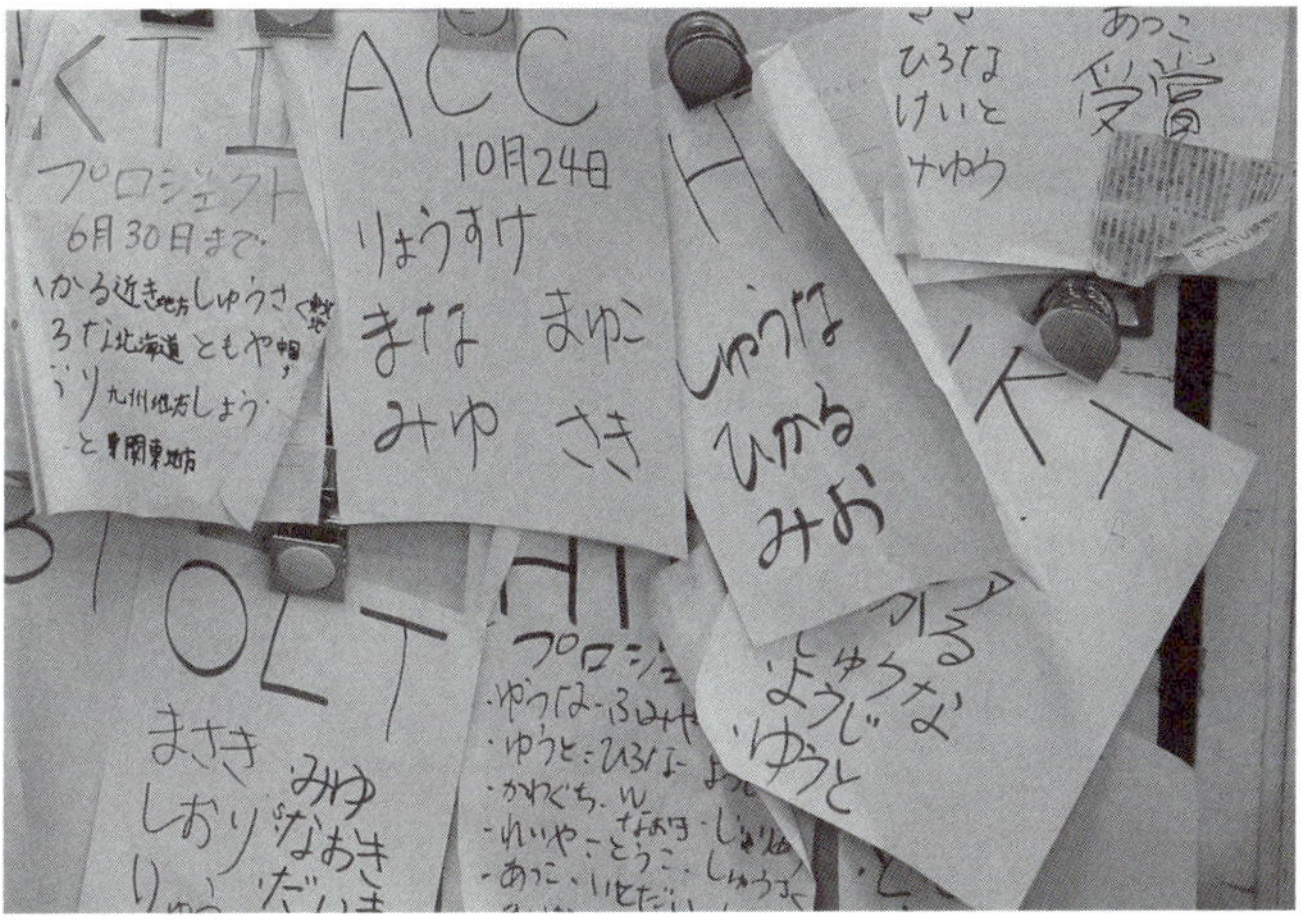

時から唯一「内閣」という係ができました。

　内閣は、給食になれば配膳を担当します。もし自分たちでやりたくなければ「仕事をしてほしい」と応募をつのり、仕事を割り振ります。

　体育の授業では、内閣主導で準備運動が始まります。みんなを走らせ整列させて、担任が来るのを待ちます。

　漢字の書き順を練習する時だって、内閣の班を囲んで座り、先生役の子どもがリードして学習が進みます。

　こうした役割を担当しているうちに、自分たちでできることはどんどん自分たちで進めていくクセというか習慣ができてきます。そのうち、準備は自分たちできちんと進めていき、ボクが教室に着くとすぐ授業に入れる状態が当たり前になっていきました。

　しばらくすると「この内閣にもっと仕事をやらせたい」という意見が出ました。

内閣の班を囲んで座り漢字の書き順の練習中

その場合は信任投票を実施し、票を獲得すると継続できるシステムになりました。

さらに、「内閣を選挙で選ぼう」という意見が出てきたのです。

選挙となると、どの班が内閣にふさわしいのか、違いを知る必要が出てきます。

それぞれの候補から話を聞いて判断し、選ばなければいけません。

その時、「マニフェストを作ろう」という声があがってきました。

子どもたちは、テレビをよく見ています。マニフェストという言葉もニュース番組などで頻繁に耳にしていて、選挙には公約が必要だということも知っています。なかには新聞の見出しを見たり読んだりしている子だっているはずです。

そうなんです。**社会で起こっていることをどんどん教室の中へと取り入れていく。子どもたちは社会で起こっていることにとても関心がある。リアルが大好き。食い付きの良さといったらありません。だから、敢えてリアリティのある話題を使っていく。**それがボクのクラス運営の特徴の一つです。

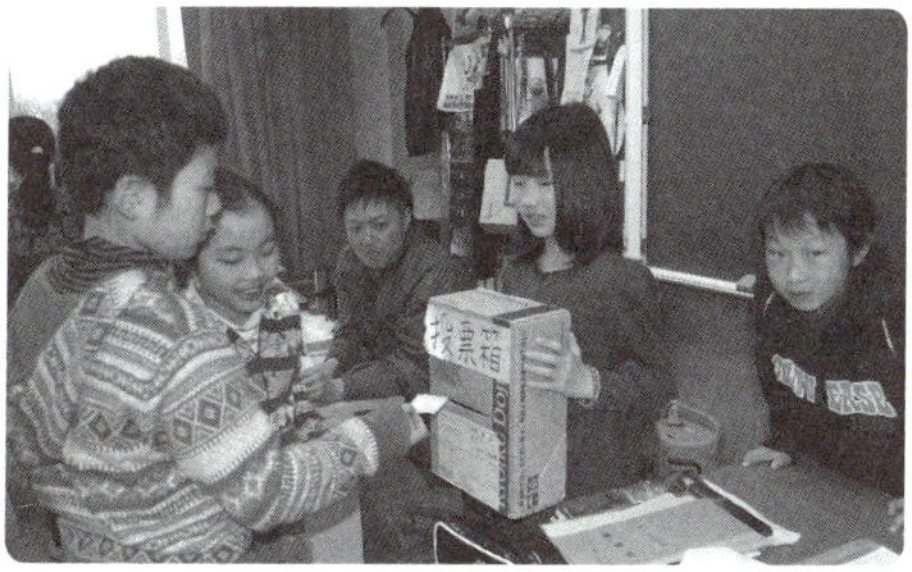

毎週行われる内閣の選挙

ということで、選挙を前に「休み時間を延長します」といったマニフェストを発表。週単位で信任投票を行って、信任されればもう1週その内閣が続き、信任を受けなければ次の新しい内閣が誕生するという仕組みです。この内閣がそれぞれ独自色を発揮して、クラス全体を動かしていきました。

**親の本音**

「うちの子、大丈夫かしら。家では何もしないのに」と心配。だから、授業参観のとき、内閣制度で授業を進めます、と言われた時には本当に驚きました。漢字テストは文部科学大臣が予想問題まで作るというんです。「今日の予想問題はこれです」と提示し、答えがわからない子には事前に教えてあげる。助け合って学んでいる姿が、とてもよかった。

## ★社会科「スーパーマーケットの秘密を暴く」

話を3年生の夏休み前後に戻しましょう。夏休みを迎えるにあたって ボクは一つ、宿題を出しました。

ある程度、子どもたちが学校から離れる時間を持つことも、大切だと思ったのです。

「9月1日に元気に学校に来ること」

2学期が始まる9月1日。

朝の話題は毎年、決まっています。

「今日何の日か知ってる?」とボク。

「防災記念日」

そう答える子が一番多いですね。

**ぬまっちの本音**

子どもたちだけではなく親と子、子と教師、親と教師、親と親、全体の関わり合い方、関係の作り方も大切です。もし、1学期を通じて親御さんの心をつかめていないと判断したら、1学期最後の保護者会で最初に撮った写真をお見せしています。「これだけ、表情が変わったんです。お子さんたちは確実に変化していますよ」百聞は一見にしかず。親御さんたちの不安を解消するために、教師はお手伝いをする必要があると思います。

「違うよ、1年でいちばん子どもの自殺が多い日なんだ」とボクは言います。現実のことだから、見ないふりをしても仕方ないのです。

「学校行きたくないって思った子が、夏休み明けの今日、自殺するらしいんだよ。今朝、どうだった?」

「早く学校に来たかった!」と元気に答える子もいれば、「超眠かった」という子も。

「でも、沼田に会いたかったから、今日、来ちゃったんだよな」

「それ、違うし」

「またまた」と、そんな「大人」な会話が続きます。

実は内閣府の調査によると、18歳以下の自殺が9月1日に突出して多いといいます。そんな現実を知った子どもたちは「へぇー」という反応。ボクは「オレも今日来たくなかったし」とか言いながらも、この話題で子どもたちに伝えたかったメッセージは、世の中には学校が楽しくない子もいるんだということ、そしてそんな風に困っている誰かがいた時には声をかけて手助けしてあげてほしいということ。**教室の中でも常に社会とつながって正直に向き合うことが大事**なんだとボクは思います。

社会と向き合いながら学ぶ。

その実践として、こんな授業もやりました。

社会科の時間に「スーパーの秘密を探る」授業をやったのです。

簡単に言うと、スーパーマーケットを通して小売りや販売業という仕事についての理解を深める、という授業です。

では、小学生にとって、「スーパーマーケット」とはどんな場所だろうか？

そこを授業の原点にし、ゼロから考えていきます。

「みんなが行ったことのある場所」

「よく知ってるお店」

「いつも安売りをしている」

「広くて、商品がたくさん置いてある」

だいたいそんな印象をみんな持っています。

「じゃあ、なんでみんないつもスーパーで迷子にならないの？」

とボクは質問します。

子どもたちはうーん、と考えこんでいます。

「どこのスーパーもだいたい似てる」

「入口には野菜」

「出口の近くはパンとかお菓子。だから迷子にならない」

「えっ、それほんとなのか？　みんな気づいてたか？」とボク。

「あ、言われてみればそうかもね」と声があがります。

「じゃあ、お菓子コーナーで『つい買っちゃう』のはなんでだろう？」

とボクは質問します。

「自分たちが選んで買ってるつもりだけどさ、実は欲しいと思わせる上手な仕掛けがしてあるんじゃないか？」とさらに質問を投げかけます。こういう問いかけは、実はボクの必殺技なのです。

知っているつもりの出来事の中に、知らないことがたくさんあるはず。現実の中に潜んでいる秘密や不思議を知りたい、という好奇心に火を点ける。

子どもがというよりも、実は自分自身が知りたかったりするわけですけれど。

「スーパーが儲かる秘密って、どこにあるんだ？　ついついお客さんに商品を買わせちゃう、不思議な仕掛けがあるんじゃないかな？」

「ありそう。ありそう」

興味津々、目は爛々《らんらん》。子どもたちの中に「その秘密」や「不思議な仕掛け」が何なのかを知りたいという気持ちが大きく膨らんでいるのがわかります。

「スーパーっていつも安売りばかりしているけど、あれって本当に安いのか？　儲かっているのか？」

「赤字ならつぶれちゃうもん」

「儲かってなかったら続かない。黒字だからやっているんじゃない？」

「儲からなかったら別の店になるはず」

「だよな。それに、たくさんの人を雇っていられるということは儲かっている証拠だわな」

「給料払ってるんだしね」

「よし。じゃ、今日から1週間、スーパーについて徹底的に調査してこい。スーパーが儲かっている秘密を暴いてこい！」と、ボクは指令を出しました。

子どもたちはすごい勢いで探偵か新聞記者にでもなったかのように、店に潜入し観察し始めました。

どんどんとおもしろい報告があがってきます。

「クッキーを売ってたけど、下の方は箱だけで中は空だった。高く積んで置くことで、目立つようにしているみたい」

「壁に鏡を貼ってた。あれはお店を広く見せるようにする工夫だと思う」

「お菓子コーナーでは、カラムーチョが上の段にありました。子どもは辛いお菓子を食べないから上の方に置いてるんです。子ども目線の低い段には子ども向けのお菓子が並んでいて、つい買ってしまった」

「レジの近くに、なぜ電池とガムがあるのか」

「チラシの安売りは赤文字が多くて、超安売りの時は黄色の文字になる」

子どもたちは取材の中から次々に新しい発見をしている。これほどワクワクすることはありません。

試食サービスも、格好の観察対象です。

「お客にタダでソーセージを食べさせているよな。あれが一袋200円だとすると、利益は半分としても売れば100円儲かる。それなのにどんどん食べさせてしまうのはなぜなんだ？　どんな効果があるか、調べてこい」とお題を出します。

しばらくして「買わないおばさんの法則を発見しました」と報告が来ました。

「試食するけど買っていかない人には、パターンがあります。食べたあとに必ず、大きくうなずくんです。おいしいわねえと。これをやる人はたいてい買わないんです。また、最初から食べるだけって決めている人は、すぐにその場からいなくなります」

子どもはそういう隠された法則を次々に発見。一つの場所を決めてじっくりと定点観察した成果です。

そのうちに店長さんに直接、お話を聞くチャンスがめぐってきました。

ボクからのアドバイスは一つだけ。

「いいか、『はい、いいえ』が返ってくるような質問をしてはダメだ。そこで話が終わってしまうからな。相手が答えなければならないような、回答を引き出せるような質問を準備しておけ」

核心に迫る質問をするにはどうしたらいいのか。まるでジャーナリスト養成講座みたいです。

だんだん知らないことに対して質問する方法も工夫して身につけていきます。コツさえわかれば、あとはいろいろな場で応用できます。物事に対するアプローチの仕方を覚えることができていきます。

　これは成果がありました。

「商品の並べ方にはどんな工夫をしていますか？」

　そんな子どもたちの質問に対して店長さんは「野菜コーナー、花コーナーは、季節感を出すのにもってこいなので、入口あたりに置いています」と回答。

　想定以上の答えを引き出すことにも成功しました。

「鍋のつゆはなぜあちこちに置いて売ってるんですか？」

「お客様がどこでも取りやすいようにしています」と店長さん。

「ええー、ほんとですか？　スープを買ったら鍋の具材も一緒に買ってくれるからじゃないんですか？」と子どもたちがつっこむ。店長はタジタジになって、「はい、そのとおりです」と白旗をあげてしまいました。

　この時の子どもたちの盛り上がりようといったら！

　社会の秘密を自分たちの手で引きずり出したぞ、という達成感に満たされた瞬間です。

　店長さんからは、「こんなに勉強してきた3年生は初めて見ました」と言われました。

今、多くの小学校では、自主性・自発性を大事にしています。でも、言葉ではそう言いながらも、自主的・自発的に調べていく体験は実に少ない。

興味の無いテーマについて「調べなさい」と指示される子どもの方は「やらされ感」満載です。それではお互いに残念。

子ども自身が知りたい、調べたいと思えば、どんどんやる気が高まって発見も豊かになっていくはず。何倍も学んでもらうことができるはず。それがＷｉｎ－Ｗｉｎ、お互いにハッピーな授業です。

この授業では、流通業、販売業の現場を観察し、社会の現実に向き合いました。

ぬまっちのアクティブメソッド④

## 現実社会を使う

スーパーマーケット、自治体のコンテスト、老人ホーム、テレビ番組……。ボクは今までいろんなものを活用してきた。なんでも利用してどんどん挑戦しよう。参加したり関わったり現実世界に直接アクセス。だからやる気が出る。緊張感もあるし、大人のようなふるまい、礼儀作法、社会性、いろいろ身に付く。

スーパーマーケットがどんな風に経営されているのかを、子どもたちは自分の目線でしっかりと摑むことができました。

## ぬまっちの本音

「困ったら、『子どもだから仕方ない』って逃げていいよ」ってことも実は教えているんです。いろんなことに思い切りチャレンジできる状況を作ってあげることが何よりも大事だから。最後の最後は、守ってあげる。そういう大人がいるからこそ、子どもたちは全力投球できる。失敗したら「まあ、子どもだからな」って、そういう逃げ道もあっていいんです。だからのびのびできるんです。その上、ちょっと大人と同じ水準で頑張ってみると、ものすごい褒められる。だから子ども時代って、いいことしかないはずなんですよ。

# 4年

3年生から4年生に進級する際、クラスは持ち上がりますが担任は交替することもあります。子どもたちとは3年生を修了する際に一度お別れしていましたが、引き続き4年1組はボクが担任を務めることになりました。

親御さんたちは、すでにこのクラスがどんなにすごいのか、1年間でわかってくださ

っています。ボクも親御さんたちも「この子たちは、どこまでやってくれるのか」と期待を高めているので、子どもたちの可能性をどんどん広げてあげるような「花火」を打ち上げていく。それが4年生の1年間でした。

まず最初のビッグイベント・運動会では、もちろん連覇を狙いました。そこで当時、「運動会で優勝します」というマニフェストを掲げる班が現れました。

見事に、その内閣が当選。

ところが、残念なことに運動会で優勝できなかった。

だから総辞職しましたよ。

4年1組は同学年の中では勝利したものの、肝心の学年縦断的な色別対抗で負けてしまった。

総辞職を表明した内閣に対して「君たちのせいじゃないよ」というクミンたちは少なくなかったのですが、約束を守れなかったから辞めるというのです。長く続けることが目的ではないのです。

この時は、親御さんから「国の内閣なんかより全然頼もしい」っていう、賞賛の声があがりました。

4年生の運動会のあたりから、ボクは操縦士ではなくなり、サポート役の副操縦士に退いていきました。

そして、「内閣制度」を通じて、操縦そのものを子どもたちに任せてしまったのです。4年生の1学期には南房総の千倉《ちくら》への臨海学校という行事もありましたが、ボクは操縦室から外へ出て、客室乗務員になりました。この後はしばらく、客室乗務員の時代が続きます。

子どもたちが中心になって授業を進めていく傍らで、ボクは「皆さんのお世話をする」というわけです。

★

## 全ての授業は「ゼロ時間目」から始まる

**「そもそも」は、ボクにとってとても大切なキーワード。**

いま「子どもたち中心の授業」と言いましたが、自由放任という意味ではありません。

いくつか気を付けていることがあります。

たとえば、算数で使う「デシリットル」という単位。あれって何のためにあるんだろうか。そもそも生活の中でいつ、どこで使うために生まれたんだろうか。なぜ、そんな言葉が必要になったんだろう。

「そもそも」に立ちもどり、考えてみる。

原点に立ち返ると、そこには「なぜならば」という理由があることに気付く。理由がわかって初めて、「デシリットル」は生きた知識になるし、使える道具にもなると思うのです。

「学ぶ」ことにおいて、そのあたりがすごく重要。

「なぜならば」がわからないでただ暗記しても、すぐに忘れちゃう。ただ記号を覚えるだけでは、ちっとも楽しくないじゃないですか。

それは算数だけではなく、すべての教科に言えること。

国語なら国語、歴史なら歴史で、ボクの授業では「ゼロ」から説明を始めることを心がけています。いわば「ゼロ時間目」からのスタートです。

例えば国語の作文について。

**「なんで作文を書くのか」ということを、よーく考えないといけない。そこを考えずに、いきなり作文を書かせようとするからうまくいかない。**

「どうやったら子どもたちが作文を書けるようになるか」ということを、研究している先生たちがいますが、その分野で研究熱心な先生たちにはボクはかなわない。だから子どもたちが自発的に作文を書くようになるにはどうしたらいいのか、考えました。それが「ゼロ時間目」であり「ワクワクする作文の書き方」だったんです。

大切なのは、「なぜ人は文を書くのか」。

まあ、優等生ならば先生に「作文を書きなさい」と言われて何の疑いもなく「はい」と言って書くかもしれませんけど。一般的には、理由がわからないまま文章を書かなければならないとき、多くの人は意欲的になれないでしょう。

そこで、ボクは「人はなぜ文章を書くわけ?」って子どもたちに聞いてみました。

「先生が書けって言うから」

「宿題だから」

「それ以外の理由は?」

「ラブレターみたいに、よっぽど伝えたいことがあれば書くかもしれない」

「なるほど。あとは？」

「書くのが仕事の人は書く。お金もらえるから」

「他には？」

「ない」

じゃあ、**子どもたちに自分から「文を書きたい」って言わせるには、どうしたらいいんでしょう？**

**正解は一つだけ。「よっぽど書きたい状態」にするしかない。**

では、子どもたちが「書きたい」状態になるって、どんな状態かな？

ということで、ボクはお題を考えたのです。

「カップラーメンには作り方の説明書きが付いているよね。
一、フタを半分だけ開けて粉末スープとカヤ

**ぬまっちのアクティブメソッド⑤**

## 変身させる

ただ「文章を書け」ではなくて、別の状況にずらしたり変身させる。カップラーメンの作り方は、ラブレターに変身する。「変身術」を学習に使えば、ぐんと力が高まる。

クを入れる
二、沸騰したお湯を入れて蓋を閉め三分待つ
三、麺をよくほぐす
これを超ドラマチックなラブストーリーに書き換えてみてください」


みんな興味津々。

「何それ？」

「なんか、おもしろそう」

ちょっとふざけたお題を出すと、ぐいぐいってのってくる。

子どもたちは、みんなふざけるのが大好きだからね。

作文は嫌いだ。苦手だ。そんな子たちも、このお題には食い付きました。原稿用紙に向かって、すらすらと書き始めたのです。２００字詰め原稿用紙5枚、6枚と沸き上がるように文字が出てくる。おもしろくって仕方ないらしい。

「私は宝を発見した。そこには『開く』と書いてある。しかし、開けすぎてはいけない

らしい」

「麺と汁を、ダンスのようによくからめて」………

もちろん、単なるおふざけになってしまうのは困ります。

でもちゃんと文章になっている。

さらに全体を通し、「まず」「次に」「そして」と起承転結が構成されている。

ちゃんと書く訓練になっているんです。

世の中のことを題材にしたり、現実の生活とつなげていくと子どもたちの関心がぐんぐんと高まります。**作文をワクワクする方法に変えてしまえば、みんな積極的に取り組める**んです。

大人だってそうでしょ。必要がないのに「文章を書いてください」とか言われても、書けませんよね。

そもそもボクは勉強が嫌いだったから、わかるんです。「やることに決まってるからやれよ」と言われても、ちっともやる気が起きない。どうせやるなら、楽しい方法にできないかな、おもしろくできないかなって、いつも考えています。

★

## 9月　実習生がやってきた

東京学芸大学は、ご存じの方も多いと思いますが、教師を育成する役割を担っている大学です。その附属校である世田谷小学校には、毎年たくさんの実習生がやってきます。そうした若者たちに現場を体験させ、教師に育てていくのが附属校の役割です。

9月、東京学芸大学から教育実習生が4人、やってきました。緊張した面持ちでいます。

教えるって何？　それを先生の卵たちが試行錯誤しながら、必死で考える機会です。

子どもたちの方は、もう慣れっこ。

小学校に入学した時から年に何回も、お兄さん、お姉さんみたいな実習生が教室に出入りしているからです。子どもたちは他の小学校より何倍もいろいろなパターンの授業を体験することができるし、授業見学も多くて、大人たちに見られることにも慣れています。

さまざまなタイプの教師見習いに触れるのは子どもたちにとって、とてもいいこと。

もちろん実習生にとっても貴重な経験です。

ボクは4年1組の子どもたちを密かに「プロフェッショナル・ステューデント」と名付けていました。

「教わるプロ」です。

そんな子どもたちを教えなくてはならないのですから、実習生の方が大変。

「あ、この先生は教え方がうまいな」「わからないぞ。どうしたらいいんだ⁉」

子どもたちはすぐさま察知してしまうので、実習生もひやひやです。

「このままだと、授業がなかなか終わらない」と子どもたちはザワザワしてしまう。実習生も戸惑う。すると、お互いにどうしたらいいのか、腹の探り合い状態に。

子どもたちも真剣なのです。

授業が長引けば、休み時間が短くなってしまうリスクにさらされているから。

目立つ子は、実習生のターゲットになったりもする。

「積極的に発言しているあのリーダーの子を何とか味方につければ、授業は円滑に進む」と実習生たちは考える。みんな必死。ある種の戦いですよね。

でもそれはポジティブに評価することができます。お互いを切磋琢磨するし学びあいにもつながっていく。実習生が来ることで、子どもたちも成長します。

ところで、ボクが実習生に「できるだけ授業中に使わないように」と注意している言葉が一つあります。

## 「良い質問です」

**しばしば使いがちなその言葉を、ボクはタブーだと思っています。**


「先生が使ってはいけない言葉だぞ」と実習生に注意を促します。

なぜだと思いますか。

実習生は、授業前にあらかじめ綿密なシナリオを作り、周到に準備をして授業に臨みます。自分なりに、授業の流れというものを想定します。

さて、実際の授業が始まると、想定外のことばかり。思うような方向に向かわない。

そんな中で、自分が思っていたような質問を子どもがしてくれたら？

「それは良い質問ですね」

と、つい褒めてしまいますよね。

でもどうでしょう。よく考えてみてください。

それって本当に「良い質問」なのかどうか。

実は、その先生にとっての「良い質問」に、すぎないのではないか。

もし一度でも「良い質問ですね」と先生が言えば、子どもたちは先生に褒められたい一心で、褒められる質問ばかりを探そうとしてしまう。

無意識のうちに、先生が想定した枠内に入ろう、入ろうとしてしまう。

先生の方も、あらかじめ想定した授業の枠を維持しようとして、やっきになっていく。

それではちっともおもしろくないじゃないですか。

**「えっ、そんな質問が出るの？」という意外性が生まれて、立ち止まり、そのことについてみんなで考えてみる。そんな新鮮な発見がたくさんある授業の方が、ワクワクして楽しいし、学べることも多いと思うんです。**

「正解」を求めたくなるのは、一般的な心理なのかもしれません。でも4年1組の授業は、正しい答えだけを探しているのではなく、みんなで「なぜ」という理由を探すことを大事にしています。答えにたどり着くまでの過程の方が大切なんです。

だから、「良い質問だ」はやめよう。

それは、予定調和はやめようよ、ということなんです。

ボクは、実習生にそう指導しています。

## ★10月　総合学習映画「This is OO～世界と　おどる4－I～」の制作

10月中旬、そろそろ2年間の旅も終わりに近づいてきました。

飛行機は、いよいよ着陸の準備に入っていきます。

クラス一丸となって取り組む最後の課題。

ギャングエイジを迎えた4年生は、仲間とともに活動する心地よさを実感する最適な年頃。

だから、チームワークの心地よさをしっかりと体験させてあげて、みんなの大切な思い出を作

### 実習生のつぶやき

「予想できるような反応しか返ってこなかったら、それって子どもたちは成長しているのかな」という沼田先生の言葉が今でも繰り返し自分の中で蘇る。教師は自分が教えたいことばかりやっていてはだめで、その枠を超えていかなくてはならない。勉強というのは意欲が根本にあり、その上に知識が乗るということ。その根本を大事にしていくことを実習で痛感した。

りたい。

そんなことを考えつつ、4年生最後の総合学習で取り組むテーマについて議論しました。

テーマが「映画」に決まりかけた時。

ボクは、あえて、反対したのです。

「映画制作はきっとおもしろいよ。けれど、主演とか目立つ役の人以外は、画面に映らないんじゃないの」

さらにホームビデオのようになってしまったら、せっかくたくさんのエネルギーをかけて取り組んだのに達成感を味わえないかもしれない、とも思ったのです。それに、映画の制作は撮影だけでは終わりません。編集も必要です。パソコンを使うなど技術的な問題もいろいろと浮かんできて、「4年生の総合学習としてはハードルが高いかな」という率直な印象を感じたからでした。

ボクは、その心配を子どもたちにぶつけました。

指摘を聞いた子どもたちは、もう1回じっくりと考えた上で、こう言いました。

「今までいろいろ積み上げてきたんだから。オレたちならきっとできるよ」

「みんなで力をあわせれば大丈夫」

「世界一のクラスになるんだからさ」

みんな本気で「世界一のクラス」を目指しているなと感じた時、ボクはこれから自分に降りかかるであろう膨大な作業を覚悟しました。

友達と協力し難問を解決しようとしているんだ。思い切って任せてみよう。思うようにいかないことや失敗もあるだろうけれど、そんな時も力をあわせて難題を乗り越えればいい。かなりハードルは高いけれど、2年間の締めくくりには格好のテーマかもしれない。


こうして、翌年2月の完成に向けて映画制作がスタートしました。

子どもたちはまず、四つの役割を決めてグループ分けすることにしたのです。

「カントク」、「ダンスチーム」、「カメラ隊」、「デコ（デコレーション大道具・小道具・衣装を担当）」

それぞれ必ずどれかのチームに参加し、何かの役割を担います。

1日の授業が始まる時、カントクを中心にしてその日の活動内容を決め、終わりには各役割からどれくらい作業が進んだのか、報告を行うことにしました。

しばらくすると、課題が浮かび上がってきました。

「みんなに相談したかったり、GOサインをもらいたいんだけど、みんな自分の活動に集中したいから、なかなか話を聞いてもらえないんです」とカントク。

「たしかにみんな作業に夢中になっているよね」とボク。

カントクは頭をひねりました。そして一つのアイディアを出してきました。

「30秒コーナーを作って、その枠内で自分の意見を発表する」という案です。

相談したい人は、30秒間限定でスピーチできる。パンパンパンパンという手拍子で「お話しします！」というのが合図。

「パンパンパンパン、いいですよ！」

話していいよ、と答える側も手を叩きます。30秒間なので、みんなもさっと耳を傾けます。

これで情報の共有が、ぐんと進みました。

「衣装はこんな形にしようと思うけど、どうですか」

「いいですね！　照明を考えるともうちょっと黒い方がいいかも」

「そうだね、そうしよう」

発表を聞く子どもにとっては「30秒」だけとわかっているので手を止めて耳を傾ける。

タイムリーに友達に相談できる方法を考えて、次のステージへと踏み出しはじめた子どもたち。こうした変化を可能にしたのは、掃除に音楽を使ったり、作業を素早く終えることで休み時間が確保できるといった体験を通して、時間について管理する意識が高まった成果でしょう。

積極的に友達の発表を聞く方法も身につけました。

それぞれ違う役割の人たちのことを理解し、お互いを認めあいながら、協力して活動を進めていく方法ができていきました。

12月。

「ダメ！　ダンスがそろってない！　見せ場なんだからもう一度やってみて！」

**ぬまっちの本音**

主役のマイケルを誰がやるか。ダンスが得意でもなく、性格も引っ込み思案だったT君がやったことで、彼自身もぐんと自信が出たし、クラスも彼をサポートしようと力を出して結束しました。いったいなぜ、主役が彼だったのか。それは、「マイケルに似ている」という素朴な理由でした。

カントクからダンスチームに対して厳しい声が。

ダンスチームの踊りが揃わない。なかなかうまくいかないのです。

そのうちに、「カントクは厳しすぎる！」と不満の声が出てきました。

何度も練習を繰り返すダンスチーム。

完璧に踊りが揃うのはとても難しいけれど、少しずつ進歩しています。

はっきりとその成果が見えてきた時、ボクからカントクへアドバイス。

「みんなの努力や進歩した点を、もっと認めてあげようよ。良くなったところを、口に出して褒めてあげたらどうかな？」

アドバイスをさっそく取り入れたカントク。

「そこはＯＫ！　いいねえ。あとのほうの動きをもっとキレよくやってみてよ！」

カントクは「褒める」という技を取り入れていきました。するとダンスチームはぐんぐんとやる気を増してまとまっていったのです。カントクとダンスチームの関係は、それをきっかけにとても良くなっていきました。

リーダーシップをとる時のコツ。

カントク、ダンス、カメラ、デコそれぞれが奮闘

それは「ダメ出し」ばかりに偏らないこと。ダメ出しは簡単だけれど、「良い点」を見つけて、積極的に褒めることがとっても大切。

相手にしてみると、いくら頑張っても「どうせ見てないし認めてくれない」という気分でいたのでは、意欲が低下してしまいます。特にチームワークが必要な作業の場合、相手の立場になって、相手の気持ちを想像しつつ認めていくというプロセスがものすごく大事になります。子どもたちは映画制作を通して少しずつ、そのことを知っていきました。他人と一緒に何かを進めていく時の「コツ」を学んでいったのです。

いつの間にか子どもたちは愛をこめて、「オニカントク」と呼ぶようになりました。

## ★ 目的地に飛行機が着陸した瞬間

**ぬまっちの本音**

普段の教室でも人知れず練習を重ねたりして上達した子どもが、もの静かに「認めてオーラ」を発散させている時ってありますね。教師はそれをさっと感じとって、その子の成果を認めてあげることが大事。「みんな、見て。凄いよ」と他の子にも伝えていくと、その子の意欲が、クラス全体へと行き渡っていって、いい波及効果を生み出すことがあります。

いよいよ本番の撮影まであと3日。

その時、最大の危機が訪れました。

撮影に使うハット（帽子）が、まだできていないことがわかったのです。

ハットは言うまでもなく、マイケル・ジャクソンのシンボル。ダンスチームがかぶる大切な衣装です。デコチームが必死になって作っていたけれど、リハーサル開始時刻ギリギリまで製作作業が続いていました。やっと出来上がったハットに「小さくてかぶれないよ」の声が。

すぐに修正に取りかかるデコ。

「目までかかってしまうから、ダンスの時に前が見えない！」

「踊ると脱げる！」

問題が続出。デコは真っ青。緊急事態発生。

「もう、ハット無しでやろうよ」という厳しい意見も飛び出しました。

デコの頑張りをよく知っているカントク。「ハットを使わ

『This is ○○』のポスター

ないで撮影する」という決断もできません。

さあ、どうしたらいいのか、作業は行き詰まってしまいました。

その時、デコのリーダーが言い放ったのです。

「ハットは、無しでいきましょう」

厳しい決断を下した瞬間、ピリッと緊張が走りました。

すかさず意見が出ます。

「じゃあ、そのハットは記念撮影の時にかぶればいいじゃん？　だって、踊らなければ大丈夫なんだから、さ」

みんな笑顔になりました。

まさに、チームワークとはこのこと。

そして、感動のクランクアップがやってきました。

「映画の完成」というゴール。

それぞれ自分の役割について一生懸命取り組み、

マイケルがデコ作成のハットをかぶってポーズ

その結果をみんなで認め合う。

子どもの子どもによる子どものための活動の成果、映画。子どもたち自らが「最大の危機」を乗り越え「目標達成」に向かって力を合わせ成長してきた記録。

**一人一人がその個性を最大限に生かして、「自分の居場所」を学級内に見つけたからこそ、映画は完成したのです。**


そして最後に。

映画の完成以上に、嬉しいことがありました。

3月、学校の近所の特別養護老人ホームで「ひなまつり会」に参加した時のことです。

子どもたちはダンスを披露し、ひな祭りの歌を歌いました。

その後、高齢者の方々はステージでいつもの盆踊りや社交ダンスをはじめました。

すると、段取りにはないことが起こったのです。

子どもたちが自然にお年寄りのところへ行って、盆踊りの輪に加わり、社交ダンスのパートナーになり、お年寄りと自由に交流を深めている。

観客席の片隅で見守っていたボクは、ものすごく嬉しかった。

老人ホームで行った「ライブ公演」

「とうとう目的地に飛行機が着陸したんだ」

心からそう実感した瞬間でした。

2年前、初めて子どもたちと出会ってから、いろいろなことがありました。緊張したまま写真撮影。自己紹介、ダンシング掃除、運動会でのリレー、内閣制度、スーパーの研究。

さまざまな取り組みを通じて、やる気を発揮した子どもたち。自主的に問題を解決する力を蓄えてきた子どもたち。

やればできるという成功体験をいくつも積み重ねてきた子どもたち。

総合学習の集大成として見事に映画を完成させた子どもたち。

「世界一のクラス」という目的地に飛行機を着陸させた子どもたち。

社会とのつながりをごく自然に作れる人になった子どもたち。


最初にボクが掲げた目標がありました。

それは「世界一のクラスになる」こと。

その意味って何だろうか。

「世界一なんてむちゃな目標を掲げるな」

そう言う人もいると思うんです。

でもうちのクラスの子たちが社会に出て、いろいろな体験を重ねて、他の人の話を聞いているときに、ふと小学校時代を思い出したりすることがあるはず。

その瞬間に「あの時のクラスは一番楽しかったな」「自分の小学生時代の方がちょっといいかな」と思い続けてくれたら。

それってその人の中での「世界一」ということ。

熱中した記憶、成功した体験はかけがえのないもの。

それは世界で唯一のもの。

だから「世界一」です。

**あの時はこうやって乗り越えたという経験。難しいことも何とかやりとげられたという自信。失敗しても立ち直ることができるという安心。助け合う仲間がいるという信頼。ダメなら別のやり方を探せばいいという発想。ちゃんとした成功体験があれば失敗しても平気。**

心から自分を信じ、仲間を信頼できる成功体験をした子どもたちは、きっと誰よりも強い「世界一」の人になれると思うんです。

# 第3章

# ボクが教師になった理由

「ぬまっちはなぜ、先生になったのですか？」

「どんな勉強をしてきたのですか？」

「教職を選んだ動機はそもそも何だったのですか？」


メディアに出るようになってから、そうした質問を受けることがずいぶん増えました。

でも、前章にも書いたように、ボクはそもそも勉強がキライだったしコツコツと努力することが苦手なタイプでした。その苦手意識は、大学生になっても消えることはなかったのです。

だから、卒業しても「教師になる」つもりは正直言って、あまりなかった。

みなさんびっくりされますが、それがボクの本音です。

教える仕事に対する理想に燃えていたわけでもないし、「これ」といった志を持っていたわけでもありません。たまたま出会った人とのご縁や海外留学する幸運に巡りあっていく中で、くる波に自然に乗っていったら「先生」という仕事がボクを待ってくれていた、そんな感じなのです。

もちろん今では「学ぶ」ことを教える仕事にやりがいを感じています。

あらためて振り返ってみると、自分でもちょっと不思議な人生だなあと思います。いったいボクの出発点は、どこにあったんだろう？　ちょっと風変わりな教え方の根源というかルーツみたいなものは、自分の過去の経験とつながっているんじゃないか。

そんな、ボクの教師としての原点について、時々思いをめぐらせることがあります。

**「楽しい」「ワクワクする」ことを、「教える」ことと合体させたい。**そういう思いはボク自身の中で一貫していて決してブレることはありません。もしかしたらその思いとは、自分自身が勉強ギライだった過去と、関係がありはしないか。なぜならボク自身、ワクワクした時やおもしろいと思った時だけ、勉強する気になったから。

**やる気スイッチの入れ方に気付いた体験が、確かにあったのです。**

そこでこの章では、少し自分のルーツに立ち戻ってみたいと思います。

ボク自身が歩いてきた道と、「教える」こととが、どのようにつながっているのかを探ってみようと思います。

## ▼人前でウケる楽しさを知った原点

**教師という仕事をしていて一番楽しい時。それは、ボクの一言に子どもたちがビビッと反応してくれる時。笑顔が生まれる、ボクも一緒になって笑う。子どもたちと一つになってしまうあの感じ。あの瞬間が、ボクは大好きです。**

**ウケる楽しさを知った人生最初の体験は、ボクの実家の食堂でした。**

ボクの実家は東京都世田谷区の、駅前にある食堂でした。生まれてから大学生まで暮らした、まさにボクの原点です。

家の構造は、お店が半分で自宅が半分。2階の部屋の扉を開けると、そこが店の2階の宴会場につながっている、というような具合でした。だから、いつも家族の働く姿が身近にありました。食堂は、見知らぬ大人たちが絶えず出入りする場所です。そんな環境の中でボクは生まれ育っていったわけです。

夜に宴会があったりすると、お酒を飲んでいい気分になったお客さんたちの声が聞こえてきました。その賑やかな声に、子どもながらに心がザワザワして、寝床から起き出してはそっと宴会場の中を覗いたりしたものです。

ある日、扉の隙間から宴会場の様子を覗いていると、ボクを見つけたお客さんが声をかけてきました。

「飲んでくか？　坊やも一緒に」

そう言って、こっちへ来いと手招きをしている。

ボクは喜んで出て行きました。

寝る前だったのでパジャマ姿。そのうえ、ぬいぐるみを抱いたまま。その姿がお客さんにすごくウケたんです。調子に乗ったボクは、そこで踊ってみせた。

当時、テレビで大流行していたのが「電線音頭」でした。

「電線にスズメが三羽止まってたそれを猟師が鉄砲で撃ってさ煮てさ焼いてさ食ってさヨイヨイヨイヨイオットットット」というあれです。伊東四朗さんが踊る姿がものすごく印象的だったから、中年世代はきっと懐かしく思い出すことでしょう。

ボクが電線音頭を歌いながら背中にぬいぐるみを背負って踊ってみせると、お客さんは大喜び。さらに大ウケ、大爆笑。

「ご褒美だよ」と言って、見知らぬお客さんからオレンジジュースをもらってしまいました。

人前で笑いをとったりウケたりすることの甘い味を最初に知ったのは、あの宴会場ではないかと思います。

幼い頃から、見知らぬお客さんと接する環境の中でボクは育ちました。実家の食堂が社会に直接触れる場だったことが、ボクの人生に大きな影響を与えてきたんですね。こうして振り返りながら、あらためてそう実感します。

## ▼体が小さいだけ、大人と同じ一人の人

ワクワクしたり、楽しかったりする時、ボクは自分が「大人である」ことを忘れてしまいます。子どもも大人も、わざわざ区分けする必要はない。子どもは、身体の小さな大人でもあり、大人は体の大きな子どもでもあるから。

食堂で戦力となって働いた小学生の頃のボクは、一人の「小さな人」でした。

食堂を中心になって切り盛りしていたのは祖父と祖母でした。

お腹を空かしたボクに「お金なんていらないから食べていきな」と優しい言葉をかけるような人たちではありませんでした。家族経営の店でしたが、「商品を手に入れる時には対価を払う」ことを厳しく教えこまれました。食堂でご飯を食べるなら、自分でお金を払うのが当たり前。母もそういう考えで、ボクを甘やかすことはありませんでした。「必要なものは買ってあげますが、お小遣いはありません」

そんな家だったので、もしお腹が空いてしまった時には、「1時間、食堂でバイト」をしてカツ丼を食べていました。

それが小学生の頃から当たり前だったのです。

「子どもだから」という考え方は祖父母にも両親にもなくて、人手が足りないからちょくちょくボクが働いて、時にはお客さんの会計もしていました。きっと祖父母はとても忙しかったんですね。ネコの手も借りたいくらい。ボクもできることは何でもやった。さすがに熱い汁がたっぷり入ったラーメンは運ぶのが難しいから、大人にやってもらいましたけれど。

食堂は40席ぐらいあったかかな。昼時など忙しい時間帯は、もうてんてこまい。お客さんは工事現場の人が多かった。

「早くラーメン出して」

「ばあちゃん、水！」

と荒々しい声が飛びます。

お客がじりじりして待っている気配を背中に感じつつ、ボクは考えたんです。

**「同じ時間の中で、もっと効率的に食堂を回すにはどうしたらいいんだろう」**

そうだ！　と閃《ひらめ》きました。

定食のお新香だけを先に配膳用テーブルの上に並べておいて、料理ができたらさっと一緒にお盆に載せて運べばいいんじゃないか。そんなアイディアが閃いた。

祖母に言うと「試してみていいよ」。

そこで、本当にやってみたんです。そうしたら格段に、配膳が早くなった。効率があがった。それが目に見えてわかるんです。嬉しかったですね。

小さな食堂の中だって、改革は意味がある。客の回転が良くなり売り上げも伸びる。工夫をすればした分の成果がきちんと手に入るんだ、ということを発見しました。

それから、いろいろと工夫をしてみることが楽しくなりました。

中学生になると、だんだん生意気になって「じいちゃん、店のやり方が下手だ」と提案するように。

例えばレジの場所。

店の奥にレジがあったので、お客さんは食べ終わるとわざわざ支払いのために奥まで移動しなければならなかった。店のそうした構造は、お客さんに不便というだけでなく、「食い逃げしてください」って言ってるみたいだと、中学生のボクは疑問を感じたのです。「お客さんが支払いを済ませたらすぐに外へ出られる動線にした方がいい」と祖父に対して、レジの場所を変えることを提案してみたりしました。頑固な祖父は聞く耳をもってくれませんでしたけど（笑）。

振り返ると、今ボクが教えている現場も同じ。**教室の中で気が付いた問題点を、効率よく改善していく取り組みは、食堂の経験から始まっていたんですね。**

小学生の時から当たり前のように、店の一員として働いて、その対価としてカツ丼を食べてきた。工夫をすればした分の成果が自分の手にきちんと入る感覚は、大人になっても同じです。

**「子どもだからって、できないことはない」**

今、子どもたちにそう言い続けているのは、ボクの中に確信があるから。

ボクの基本的なアプローチは、ボク自身が小学生の時に実家の食堂で働いた体験によって培われているんです。

## ▼ご褒美があれば、人はぐんと頑張れる

ボクの教室では、良くできたら褒めます。「キミはよくやった」。褒められる子も褒めるボクも、いい気分。頑張ったこと、努力したこと、勇気をもって前に一歩踏み出したことに対して、ご褒美をあげる。ご褒美は、大きな励ましになる。だから伸びていく。それは、ボクが高校時代に担任と彼女から教えてもらったことです。

ボクは三人きょうだいの一番上ですが、兄弟それぞれ性格が違います。弟は超まじめタイプで、今では生理学の研究者になっています。勉強に関してはまったく弟に勝てなかったけれど、スポーツはボクの方がぶっちぎり上手でした。

「あの男が本気でやったら絶対勝てないけど、あの男は努力しないから俺でも勝てる」と弟はよく友達に漏らしていたらしい。

妹もやはり勉強がよくできて、今では弟同様、大学で研究者をしています。

僕から見ると、弟は努力の天才で妹はコネクションを活かす天才です。

ボク自身は前にも言ったように、勉強は苦手で、閃きだけのタイプ。一つのことをコ

ツコツ繰り返し努力することに耐えられず、すぐに飽きちゃうんです。だから、「学校」という場所にうまくはまりませんでした。

小学校・中学校時代はちっとも勉強しなかったけれど、要領がよかったのか、進学校で有名な都立戸山高校に進みました。でも、自分の実力とかけ離れた高校に進んでしまったため、入学してからが大変。撃沈です。卒業も危ぶまれるような問題児でした。

自宅がある世田谷から電車に乗って新宿の戸山高校へ向かう通学途中が、代々木、原宿、新宿と誘惑だらけ。どこも都会のど真ん中ですから、遊び場には困らない。途中下車してカラオケに行ったり。友達とつるんでは繁華街で遊びまくった。

戸山高校の雰囲気にはなじめなかったし、友達も少なかった。それでも毎日「楽しい」と感じて通学し、妙な落ちこぼれ感覚を抱くことは無かった。きっといい時代だったんでしょうね。

戸山高校の中では不真面目な生徒でしたけれど、水泳部に入って彼女ができてからはかなり変わりました。ちゃんと学校に行くようになったんです。「こんなに変わるなんて」と母親は半ば驚き、呆れていましたけど。

一言でいえば、ボクはご褒美に弱いタイプ。具体的で意欲的な目標があると、やる気が出るタイプなんです。

**単純だけれど、やる気をかき立ててくれる目標って、すごく大事ですよ。**

高校1年生の担任は数学の先生でしたが、とてもおもしろくて魅力的な人でした。

ボクは勉強がキライで成績も良くなかったけれど、その先生のテストだけは満点を取ったことがあるんです。

「もしテストで1回でも満点を取ったら、あとは0点を取らない限り通知票は5をあげるよ」と、先生が約束してくれたから。

ものすごくわかりやすいご褒美で、具体的な目標になりました。

ボクはそこへ向かって頑張りました。父が塾の先生をしていたので、テストの問題を見せて「正解を教えてくれ」と頼みこみ、その答えを全て暗記したんです。そして本当にテストの時には満点を取って、数学は「5」の成績をゲットしました。一回だけでしたけど（笑）。

ことごとくそんな調子で、目の前にニンジンがあれば走る生徒でした。

たぶん、曖昧で抽象的な目標に向かって努力するのが苦手なタイプなんでしょうね。

言われたことを真面目にコツコツと積み上げるのは、ボクにとって難しい。でも、あそこにこういう目標があるぞ、あれをゲットしよう、というのなら、頑張れる。ちょっとスポーツに似ているかもしれません。勝利するとか点数を入れるとか、はっきりした目標に向かうのであれば前に進める。力が出る。

**勉強が苦手な子たちに、わかりやすい目標を掲げてあげると、ぐんとやる気が出ることがあります。ゲーム感覚に近い「やる気」の出し方かもしれません。**

卒業式の時は、「卒業させてくれてありがとう」と本気で彼女にお礼を言いました。感謝の気持ちを込めてパフェをおごったことを、今でもよく覚えてます。あの子がいなかったら、ボクは学校をさぼってばかりで高校は卒業できなかったかも。もしかしたら中卒だったかもしれない。ふと、そう思うことがあります。

水泳部で発見したこともありました。

ボクは運動神経はまあまあいいけれど、持久力が決定的に足りないんです。水泳という種目にとって、それは大きな欠点。泳ぎ方を工夫しないと勝てないどころか、体力がもたない。

例えば、前半を飛ばし気味に泳いでしまったら、後半はバテバテ。たちまちペースダウンしてしまう。いかに体力をセーブしつつ、配分を考えて泳ぐことができるか。それがボクにとって一番の課題だと気付きました。それからは記録を伸ばそうとできるだけ省エネになるフォームを考えたり、ペース配分を意識しました。

ボクのような努力嫌いでも、ご褒美を得られることが分かれば、努力するんです。

**考えてみると、「コストパフォーマンス」や「効率性」「省エネ」「時間管理」といった工夫は、小学生の頃に食堂の仕事を通して芽生え、高校の部活動にも活用していたんですね。今では教室の中で、その意識を子どもたちに刻みつけています。**

## ▼勉強がわからないんじゃなくて、勉強の仕方がわからないんだ

**「先生、うちの子は、いくら勉強しても成績が良くならない。どうしたらいいでしょう」と親に聞かれます。多くの場合、伸びない子は、勉強の中身がわからないというよりも、勉強の仕方がわからないのではないでしょうか。**

**そのことに気付いてボクは偏差値が倍になったんです。**

当然ながら、最初の大学受験は失敗しました。

コツコツと努力をしない上に「とりあえず大学は行っといた方がいいだろう」程度の動機だから、受験勉強にはまったく身が入らない。

第一志望校もなかった。「こんな勉強をしたい」という目標もなかったんです。

当時は漠然と、「普通に会社へ入って、しゃべるのが得意だから営業でも担当するのがいいかな」と思ってました。

ボクがどれくらい成績が悪かったか。

実は、英語の「S・V・O・C」の意味も知らないほど。ところが、浪人して予備校に入ってみると、たまたま英語の先生が美人で、それが幸いしました。「ちょっと英語ってやつ、やってみようかな」と、ボクのやる気スイッチが入ってしまったわけです。でも、英語自体はまったくわからない。そこで基礎の基礎から始めようと、英語の基礎クラスに申し込みました。

するると、その美人先生が言うんです。

「あなたはこんなクラスに通う必要、ないんじゃない？」

しょうがないので、ボクは本当のことを白状しました。

「すいません、戸山高校卒業という理由だけでこの予備校に入れたんですけれど、英語がまったくわからないんです、だから一から教えていただきたいんです」

すると美人先生は、妙な生徒だなとむしろ興味を持ってくれたようでした。

そして「じゃあ今から言うことを全部やりますか？」と聞きました。

「はい、もちろんやります」とボク。

「では、毎日質問を10個、私のところに持ってきなさい」とお題を出してくれました。

ボクは、本当に毎日毎日質問を作って美人先生の元に通いましたよ。

ウキウキしながら、ね。

そうしたら自分でもびっくり。偏差値がなんと「倍」に跳ね上がってしまったから。

もともとの偏差値が30前半と悲惨だったので、やっと倍の64になった程度ですが。

今思うと、「ビリギャル」そのものみたいな生徒でした。

ボクはその時、一つ気付いたんです。

**勉強ができない人って世の中にたくさんいる。でもそれは、頭がいいとか悪いという以前に、勉強というものをやってこなかったせいで「勉強のやり方そのものがわからない」ということではないのか。**

だとしたら……、勉強の「やり方」を知ればいい。

ボクにとってその気付きは、大発見というか、転換点だったと思います。

もう一つ、大問題があります。

人は、おもしろくないことは続けられない、ということ。

だとすれば、「楽しく」学べばいい。ワクワクするような勉強のやり方や学びたくなる動機があれば、誰だって続けることができるし成績は伸びるはず。

その気付きは、そののち学習塾のアルバイトでも大いに役に立つことになりました。

## ▼努力も大事だけれど、成果を得るには作戦も大事

**前章でも述べましたが、運動会でのこと。クラス全員が走るリレー競技に勝つにはどうしたらいいいか、考えました。足の遅い子から順番に走る作戦はどうだろうと、試みました。大成功でした。**

**努力が上手な作戦と結びついたとき、成功の扉は開かれます。**

**大学入試の時も、ボクは調査作戦を展開しました。**

予備校で偏差値が上がったとはいえ、ボクが努力嫌いなのは変わりません。たいした勉強もしないで、とにかく「楽に」大学に入るにはどうしたらいいのか、必死に方法を考えました。

その時、高校時代の友達があるヒントをくれたんです。

「国立東京学芸大学の中に、二次試験が体育のみ、という課があるぞ」

教育学部教員養成課程に、体育を専門的に学ぶ保健体育専修がある。それを知ったボクは即座に「よし、そこに照準を合わせよう」と決めました。つまり「先生」になる入

口は、あまりにも安直な決め方だったのです。

ボクは、さっそく二次試験のための準備を開始することにしました。

入試課題の種目は100メートル個人メドレー。メドレーというのは、バック、バタフライ、平泳ぎ、クロールの四つの泳ぎを組み合わせた競技で、飽きっぽいボクに向いていたんですね。

そう、今思い出しても感心するくらい、決断してからは一生懸命泳ぎました。人生で一番真面目にトレーニングに打ち込んだ時間だったかもしれない。あの日、関西では阪神・淡路大地震が起こっていた。その大きな出来事を一切知らず、夜になってテレビをつけて初めて知ったほどでした。

そしていよいよ、大学に願書を出す時が近づいてきました。

毎日、刻々と変化していく出願者数。ボクはその数を調べることを思いついたのです。電話で照会すると出願者数を教えてくれるサービスがあったので、中学校部門、小学校部門それぞれ出願者がどれくらいか聞きました。すると、小学校の方が出願数が少なくて合格の確率が高い、とわかったのです。

ボクは、さっそく初等教育部門へ願書を出しました。

**まさしく作戦行動ですよね。確実に成果を上げるために、調査をして方法を決める。**

こうしてボクは、晴れて東京学芸大学に合格し、キャンパスライフを送ることになりました。

教育学部の初等教育課程保健体育専修に入り、教員の資格をとるためにカリキュラムを履修しました。

ところが教育実習など現場経験を重ねていくうち、困ったことですが「やっぱり教師には向いてないなあ」という自覚が生まれてしまったんです。

というか、ものすごく素朴な疑問が湧いてきたんです。たとえば、**「教育」という二文字がつくとたちまち特殊な世界になってしまうのはなぜなんだ、**といったことです。

「子どもだから」と、妙にハードルを下げてしまう。あるいは、大人と子どもの間に根拠のない線引きをして、小学校と言うとたちまち社会と切り離して「子どもワールド」に入れてしまう。そんな教育界の独特な雰囲気が、ボクには不自然に思えて仕方ありませんでした。

**子ども子どもっていうけど、単に「体が小さい人」なんじゃないか。**

子どもの頃から大人の一員のようにして働いてきたボクとしては、そう感じていたのです。「子ども扱い」が当たり前になっている小学校教育に、ボクは適合できない。だから教師には向いていない、と感じたのです。

大学2年生の頃には、普通に企業に就職しようと思っていました。

ところが3年生の時、魅力的な先生に出会ってしまったのです。

先生はボクに「うちの研究室へ来い」と声をかけてくれました。本来は、研究成果や評価が高くないと入れない人気の研究室でしたが、なぜかボクはその先生の研究室に居着くことになりました。これも、有り難いご縁だと今では思っています。

その研究室では、国際的なプロジェクトが進んでいる最中でした。

アメリカのボールステイト大学から学生と先生が30人ぐらい来日し、日本だけでなく北京、上海、ソウルなどを6週間かけて回るという視察プロジェクトです。

「アキ、受け入れ側ホストのリーダー役をやってくれないか」

ろくに英語もできないボクが、その大役を引き受けてしまったんです。

そう、単純におもしろそうだったから。

実際、仕事自体はとても大変でとてもおもしろかった。

ボク、なぜか外国から来たお客さまにはウケがよかったんですよね。

「あいつ、英語もしゃべれないのに、ずいぶん良く面倒見てくれたぞ」「日本で良い思い出ができた」とか「すごく世話になった」なんて褒められまくってしまってビックリ。

それがご縁で、翌年も受け入れ側のリーダー役を務めることになりました。

それもこれも、今思えば大学入試の時に考えた作戦が上手くいったことの結果なんだと思っています。

## ▼あらゆる人とフラットに関わる

子どもたちの顔を見ていて感じること。それは、一人一人の顔がそれぞれ違うということ。体つきや性格や走り方や食べ方、一人一人がそれぞれ「自分らしさ」という個性をもっている。だからボクは、先入観なくありのままの姿で、一人一人とフラットに関わりたい。

アメリカでの体験が、そんな人間関係の作り方を支えてくれました。

その後、東京学芸大学とボールステイト大学が姉妹校として提携することになりました。その提携メンバーの一人としてボールステイトへ留学しないか、とボクにお声がかかったんです。

海外留学か。ボクみたいに英語ができない奴が行って大丈夫か？

そんな心配もありました。

しかし、行きたくてもさまざまな事情で行けない人がいっぱいいる世の中です。

「行く気がないのに行っちゃった学生が一人くらいいてもいいんじゃないか。お前はゴルフがやりたいだろう。アメリカはやりたい放題だぞ」と、父がボクを焚《た》きつけました。いったん留学したら、途中で諦めることはしない性格だと見抜いていたんでしょうね。

そんな流れに乗って留学することになりました。

これも偶然が生んでくれた貴重な体験です。

ボクの人生、運とコネと勘が充実しているな、としみじみ感謝しています。

アメリカの大学で専攻したのは「スポーツ管理学」（日本では馴染みのないせいか「スポーツ経営学」と訳されることが多い）でした。

簡単に言えばスポーツで一人一人のモチベーションを上げるにはどう導いたらいいのか。どんな助言が自発性につながるか。やる気を生む指導とは何か。チームワークを生み出すマネジメントとはどうあるべきか。そんな方法論や、コーチングシステムをたくさん学びました。

でも、それは机上の「理論」。現場で本当に役立つかどうか、実践してみないと始まりませんよね。

もう一つ、アメリカ体験で必要性を実感したことがあります。

それは、**年齢や国籍、肩書き、性別といったことに対する「こだわり」を捨てること。**

アメリカ人は、お互いに下の名前で呼び合います。関係の作り方が実にフラット。もちろん目上の人を心の中で敬っているけれど、表面的には友達のようにフランクに接する。文化の違ういろいろな民族が、一緒に暮らすための知恵でもあるのでしょう。

アメリカで何年間か生活して、自分が日本で「違和感」を抱いていたことの理由が見えてきました。

日本ではすぐに肩書きや学歴、年齢というフィルターを通して人を見る。でも、アメリカのようにフラットにやっても、人間関係は崩れずにちゃんと成り立つんだ。**目の前にいる相手にきちんと向かい合えばいい。一人の人間とどう付き合えばいいか、シンプルに考えることの大切さを知りました。**

小学校の中で生徒たちを「子ども扱いしない」で「一人の人」として接すること。そのヒントも、アメリカでの体験の中にあります。

アメリカの大学院を終えた時、日本を代表する有名商事会社の面接がアメリカで開催されて、入社が決まる直前までいきました。そのままあの企業に入っていたら、今は営業マンとして世界を駆けめぐっていたかもしれない。

けれども、ボクは入社を辞した。あと1年、アメリカに留まる選択をしたのです。

留学時代、いろいろと面倒を見てくださった担当教授のドクター・パークは、ボクの大好きな先生でした。その先生から「もう1年いっしょにやろう」と誘われ、ボクは就職を断念してアメリカの大学にもう少しいることにしたのです。

そして1年が過ぎた頃……

パーク先生がボクに聞きました。

「アキがもし1パーセントでも日本へ帰りたいと思っているんだったら、今しかないぞ。お前のことだから、このままいたらアメリカで仕事と家族を作って住みついてしまうだろう」

「1パーセントでも戻りたい気持ちがあるんだったら」という先生の言葉を聞きながら、ボクは考えました。もしかしたら過去に、先生もそういうタイミングがあって、それを逃してしまったのかもしれない、と。

ボクが心のどこかで、いつか帰ろうと考えていることを、先生は見透かしていたのかもしれません。

先生のその一言で帰国する踏ん切りがつきました。

## ▼ゲーム感覚が「やる気スイッチ」を押す

誰だって「やる気スイッチ」を持っています。でも、そのスイッチは先生が入れるものではない。子ども自身が自分で押すもの。

先生の仕事は、そのスイッチが入るよう導いていくこと。

では、どうやったら「やる気スイッチ」が入るだろう?

「楽しい」「おもしろい」とスイッチが入るんです。


話が前後しますが、アメリカに留学する前は、父が経営している塾でアルバイトの講師をしていました。

でも、講師になりたての頃は今とは違って若さに任せた体力勝負の教え方をしていたんです。一生懸命、教えようとしていたんです。ただ、ボクの目線は成績のふるわない子に合っていなかった。

すると、学び方をわかっている成績の良い生徒には通用するけれど、成績の悪い生徒はちっともついてこない。2年目には、ボクの教え方が「ついてこられない現象」にぶちあたっていました。

なんでこうも成績が上がらないのか。

どうしたら、やる気スイッチが入るのか。

そもそも、勉強の仕方がわからないんじゃないか。

そうだ、「ボクの予備校時代と同じだ」と、予備校生だったころの自分を思い出しました。

どうやったら、ついてこられない子どもがやる気を出すのか。

勉強ギライだった自分のことを思い出しながら考えました。

そうだ。ボクには美人先生がいた。だから、毎日予備校に通えたんじゃないか。

だとすれば、こう考えてみよう。まるで人気連続ドラマを毎回見のがさない習慣のように、塾に行くことを習慣にすればいい。家では決して勉強しない生徒たち。勉強の仕方がそもそもわからないから、家にいたって何もしない。家にいるのは、ゼロの状態。でも、とにかく塾に来れば、それだけでもプラスになる。来るということさえ守っていれば、それだけでも成績は上がるはず。間違っても、下がることはない。

何もできないゼロ状態だからこそ、何かのアクションを起こさせること。動くことさえ導き出せれば、必ずプラスになる一方だ。その確信を、ボクは自分の経験から知っていたのです。

そこで、「欠席禁止」を掲げました。

「雑談しててもいい」「10分勉強したら、それでいい」「風邪をひいても来い（笑）」

塾をそんな場所にしたんです。

そうしたら、みんなが塾に来るようになった。しばらくすると、みるみる成績が上がっていった。ボクの予想どおりで大当たり。塾に来て、たった10問でも問題を解くと、それだけ勉強が積み上がるからです。

とにかく、毎日必ず来させること。

そのためには、塾が楽しかったり、ワクワクしないとだめだ。

そこで次にボクが考えたのは、**「必殺お預けの法則」**。

全国公立過去問集という本があります。その本を一人一冊ずつ買い与え、日本地図を配り、「問題を何割以上正解したらブルーに塗る」と目標をきめました。問題集を開いて勉強したことの結果を、目に見える形に落とし込んだのです。

例えば、青森県の英語問題は40分のリスニングでした。

「40分の問題なのに1時間かけてできたって、何の意味もないからな、宿題は40分以上はやらないこと」

するとみんな宿題をやってくるようになったのです。

なぜか。

40分以上やる必要が無いからです。

例えば、「問題を全部解いてこい」って言われたら、3時間でも4時間でも悩まなきゃいけない。でも「40分だけ」でいいのなら、やる気も起こる。時間の枠をきっちり作ることで「この作業はいつまでも続かない。終わりがある」と思ってもらう。そうすると、人って楽になる。楽に勉強ができると、だんだんおもしろくなってくる。**時間を区切ることで、できなかったことに挑戦するようになるんです。いつ終わるかわからなければ、ラストスパートはかけられないんです。**

今、学校でやっている「ダンシング掃除」の時間管理も、この経験からヒントを得ています。掃除だって、10分ならできる。曲がかかっている間だけでいいのなら、何だってやっちゃう、という気分になる。

こうしてみんな宿題をやってくるようになりました。当然、成績が上がります。最初は半分ぐらいしかできないのに、「もうちょっとで全部できそう」になる。すると、「先生、10分延長していいですか」とか言ってくるんです。

でも、ボクは許しません。

「だめだ、40分と言っただろう」と、塾の先生なのに勉強させない。すると逆に、ますますやりたくなる。なんとも不思議な効果が生まれてきます。

まさに、これが時間管理。スポーツのルールも時間がきっちり決まっていることが多い。サッカーなら前半45分と決まっている。だからこそ、過酷な動き方もできるし、ペースも配分できる。そうしたゲーム的な方法を学びの中に取り入れると、ぐんと楽しくなるし、やる気スイッチも入る。

もう一つ、ゲーム感覚をとりいれて編み出した方法が大晦日のクイズ大会。

一問一答式で1000問載っている社会科の問題集があります。それを各人に一冊ポンと渡した上で、生徒たちをチーム分けしました。「大晦日に、この問題集から問題を出すぞ。優勝したチームは、沼田がファミレスで好きなだけごちそうしてやる」と宣言。

遊び感覚の大晦日クイズ大会です。

まるでクイズ番組のように、回答する時の早押し装置も手作りで用意したんですよ。

そしてボクが1000問の質問をランダムに読みあげ出題していくことに。

生徒たちは本気で競い出した。優勝を狙ってチーム合宿まで始める始末。

大会の日は早朝から夜七時ぐらいまで、ずっとクイズが続く。そして夜食に熱々のラーメンが届く。実はボクが「一杯200円、素ラーメンでいいから配達して」と値切って、40人分を密かに注文しておきました。

出前が届くともうみんな大喜び。

そんな風に何時間も続くクイズ大会。終わる頃にはもうすごい勢い。

「国会議員のうち……」ってボクが質問を読んでいる途中で、答えちゃう。

「衆議院！」

「なんでわかるの？」

「国会議員のうち、っていう質問ならば、答えは衆議院に決まっているから」

参考書を読み込んできて、質問のパターンと答えを暗記しているわけなんです。

考えてみてください。問題集の答えを1000個も覚えれば、テストの点がグングン上がるのは間違いのないことですよね。


**ただただ「勉強しろ」って言っても限界がある。**

**やる気が無いなら、どうやっておもしろくするか、楽しくできるか。どうしたら、学ぶモチベーションを高められるか。そこが工夫のしどころなんです。**

大人になれば「学ぶ楽しさ」を自ら見つけることができる。でも、子どもにはまだそれはムズカシイ。だとすれば、ゲーム感覚を取り入れたりして、遊びの楽しさを活用すればいい。クイズ形式にして、回答を競えばいい。みんなが参加できて盛り上がる仕掛けを考えて、実践してみればいい。

方法はゲームだろうがクイズだろうが何でもいいんです。

目的は、結果として成績が上がっていくことなんですから。

そのうち、教えているボク自身がおもしろくなってしまって、塾の先生をずっと続けようかと一時期思ってしまいましたよ。

## ▼めちゃくちゃ目立って、自信を取り戻そう

どの学校もどんなクラスも、解決すべき問題はあります。では解決のための糸口は、どうしたら見つかるか？

解決のための特効薬なんて無いと思う。でも、できることは必ずある。それを見つけることが、先生の役割。

誰だって、自信がなければ何もできない。自信がつけば変わることができる。

目立つことから取り戻せる自信だって、ある。

日本に帰国してからは、塾や短大で教えたりして何となく教える現場に居続けました。縁があってボクは東京学芸大学附属世田谷小学校に勤め始めることになったのですが、それにはこんな経緯がありました。

ちょっと落ち着かない4年生のクラスがありました。その手当てをしようとした校長先生が思いついたのは、「やんちゃな子どもにはやんちゃな子どもを」。

そして、学芸大学卒業生のボクに、なんと補助教員として白羽の矢が立ったのです。

ボクは学級のサポート役として一時的にそのクラスに関わることになりました。

初めてその教室に行った日のことをよく覚えています。

う〜ん、たしかに落ち着きがない。

で、一人一人に話を聞くことから始めたんです。

「なんか、うまくいかない」と、子どもたちは口々に言います。

ボクは妙に共感してしまって、「じゃあ、なんとかしてみるわ」と発奮しました。

塾と同じように、学ぶことが「おもしろい」と思えば、頼まなくたってみんな笑顔で授業を受けるはず。

では、どうしたら楽しくなるか。

このクラスの子どもたちは、自分たちに自信を失っているように見えました。

だったら、自信をつけてあげよう。めちゃくちゃ格好良く目立って。

そこで、「目立つこと」を目標にしたのです。ボク自身も目立つ衣装。上から下まで、真っ赤。赤の沼田のイメージを定着させるために赤いジャージに赤い靴。どっかのあんちゃんみたいなのがやって来たぞ、と。「この人何だ?」と思わせる作戦です。

次に、学校の玄関前の一番目立つ場所で、縄跳びの「ダブルダッチ」をやることにしました。

ご存じのように、「ダブルダッチ」は二本のロープを使って跳ぶ、ちょっと派手な縄跳び。向かい合った二人の回し手が、右手のロープと左手のロープを半周ずらせて内側に回します。その中を何人もの人が色々な技をしながら跳ぶから、すごく見応えがある。そう簡単にはできない技です。

練習を開始。お互いの息が合いはじめ、少しずつ上手くなっていきました。

大きな縄が二本も回っているど派手な感じが、人の目を惹きつける。これを玄関先でやったら、きっと他のクラスの子たちも「やりたい」と思うだろう。

でも「ちょっとやらして」と参加できるほど簡単ではない。練習をしないと跳べない。だから格好いい。尊敬される。

他のクラスに「すごい」と言われたら、みんなの中で自己肯定感が高まるはず。

とボクは考えたのです。

案の定、玄関でやり始めると、「あいつらすげえ」という声が聞こえてきました。

自信回復の糸口をつかんだ瞬間です。

そうなると不思議なもので、授業もちゃんとまとまってくる。クラスのメンバーも仲よくなる。クラスが楽しくなってきた。

ボクは特に何かを準備して、このクラスに関わり始めたわけではありません。クラスの雰囲気を変えられる、という自信もボクにあったわけではない。

とにかく、押さえ所が肝心。ポイントは「楽しいクラスに変えること」だと思ったんです。

走り回ってしまう子に対して、「座りなさい」と指示しても上手くはいかない。自信を喪失していた子どもたちの気持ちと、きちんと向き合うことが大事ではないかと思ったんです。

たとえばボク自身、走るといつも速かった。だから「足が遅い子の気持ちも考えてみろ」と言われても、正直想像つかない。

「そんなこと言っても考えられないし、遅くなったことないし」みたいな反発になるだけ。

「できない人のことを考えたことあるの？」というセリフを学校でよく聞きますが、では、反対に「できる人のことは考えてくれないのかよ」とボクは感じてきたんです。

クラスの中には、そういう子どもたちの違和感や不満があるはず。その子たちにもしっかりと向き合うことが大事だと思った。

ボクの回答は「楽しいクラス」になること。

結局、みんなが自信を取り戻し、落ち着きを取り戻しました。みんな少しずつ自分の行動をコントロールできるようになっていったのです。「ダブルダッチ」の成果です。

ボクが東京学芸大学附属世田谷小学校でクラス担任として教鞭をとるようになったのは、その翌年からでした。

## ▼予定調和をぶっ壊せ！

ボクの授業を見にきた皆さんから「先生の授業は変わっていますね」と言われます。それって褒め言葉かもしれませんが、ボクには当たり前。だって子どもたちと付き合っていると、驚きだらけだから。事前に決めた予定なんて、簡単に壊されてしまいますから。

ボクも、子どもたちに負けない力を磨くため、お笑いライブに出ようと決心しました。

ボク自身は、予定調和というのが苦手です。

デートも、あらかじめコースを決めると失敗してしまう。何時に集合して何時に映画を見て何時から食事をして……。そんな風に決めてしまうと、なんだかボク自身の気持ちがちっとも乗らなくなってしまう。偶然性や予想外が好き。

授業も同じです。

「じゃあ質問しますね」

「はーい」

たくさんの子どもが手をあげます。

教師は事前に子どもたちのノートをチェックしていて、そこに何が書いてあるかを確認済み。手をあげている子たちの中から、自分が想定していた答えを言いそうな子を選んで、当てて授業をコントロールしていく。

――ボクはどうも馴染めなかった。

もし、先生が思っている方向性に沿って予定調和でやっていくとすると、どうなるでしょうか。先生の枠を超えていく生徒は、生まれるでしょうか。

第2章で実習生に対して「良い質問ですね」と言うのは止めようと指導すると言いました。基本的にはそれと同じです。先生が想定した枠の中で授業を進めようとするから「良い質問ですね」という言葉が出てしまうんですね。自分のコントロール下におければ授業は予定通りにいくけれど、子どもたちの創造性は養われません。

子どもたちの着想は、大人のように固まっていないんです。だから、どこへ飛んでいくかわからない。枠組みにとらわれていないので、受け止めるのもたいへんです。いつもドキドキします。だから、楽しい。

**「お、そっちから来るか」みたいな驚きと発見の毎日です。**
**先生もそれが嬉しいと思えるくらいの余裕と根性が欲しい。**

## 先生自身が、自分のほうから枠組みを壊すくらいの覚悟がなければ、と思うんです。

ボクはそういう実践を自分自身にも課していきたい。

2015年10月、大阪で開催された「サーカス！ —Smile Academic Crazy Unique School—」というイベントに参加しました。ご存じでしょうか。お笑い芸人のキングコング・西野亮廣さんが主催している「おもしろい先生ばかりが集まる学校」と銘打ったイベントです。

「子供の頃、勉強が嫌いだった」「先生の話がつまらないといつも思っていた」という人に、〝その道のプロ〟を先生として迎えて、勉強の楽しさを再認識してもらおうという趣旨で開かれています。その内容は、西野さんが校長として出演しトークする。お笑い芸人だけでなくて、評論家や研究者、本物の学校の先生まで、バラエティに富んだ出演者が自分の専門についておもしろく語るんです。

主催者から振られたお題は、「何かを教えてください」というもの。そこで、「トークの仕方」をテーマに15分間しゃべったんです。

自分では、まあまあの感触だったかな。多少、ウケたと思うんですけど。

でも、その日出演していたオリエンタルラジオの中田敦彦さんには本当に脱帽しました。ボクのボロ負けです。彼のテーマは「インド」。話がものすごくおもしろくて、引き込まれてしまいました。

「あんなにおもしろくしゃべられたら、もう完全に負けじゃん」

プロ教師としては、敗北感に打ちのめされましたね。

相手はお笑いのプロ。だから負けたってしょうがない。もしそんな風に考えるのなら、もうアウトでしょう？　ライブに出るんだったら、やっぱり勝負したい。

正直に言えば、しゃべりだけだったら「かなりうまくいった」と思った。ただし、ネタの作り方が甘すぎた。猛反省。帰りの新幹線の中で落ち込んで、京都を過ぎたあたりで次のネタがひらめきました。

「これだ！」

次のネタは「教科書」に決めました。東京駅に着く頃には、トークのプランが完成していました。

ぜひ、どっとウケてみたい。それには何が必要だろう。ポイントは？

ボクの特色は「現役の先生」。先生という立場で出られるのは、絶対に有利。なぜなら、世間は教師というと、なんとなくお堅いイメージを抱いているから。そこが、ポイントだ。

「つまらない」と「おもしろい」の落差が大きければ、笑いが生まれる。

もちろん、先生として子どもたちと接する時だって、芸人さんみたいにうまくしゃべれたほうがいいですよね。

またボクの工夫好きが始まりました。

よく、「沼田さんは起業しないんですか」と聞かれます。工夫好きだからでしょう。

でも、ボクはどっちかというと、与えられた枠の中で活躍するタイプだと自己分析しています。

おそらく、野球でいえば、来た球を打つ打者タイプなんです。野球という種目の枠からは出ないけれど、「どんな球でも来たら打ちます」という感覚。だから、依頼された仕事は何でもやりたい。

先日、ミュージックビデオへの出演依頼がありました。お笑いライブに出たりするのも、来た球は必ず打ち返したいからです。ボクに対して、何か依頼があるとすれば今持てる力で、全力で、ヒットを打ちたいと思っています。

## ▼社会の出来事、世の中の空気を、どんどん教室の中へ持ち込むべし

授業をしていて驚くこと。それは子どもたちが世の中の出来事をすごくよく知っていて、鋭く反応すること。とても興味を持っていること。

むしろボクら教師のほうが、仕事に忙しくて教育という限られた世界でしか生きていない。世の中で起こっていることを知らない。人気アイドルの名前やスマホゲームの遊び方もわからない。

でも、世界と切れたところに教育なんて成り立たないんです。

教師、お笑い芸人、弁護士……人前でしゃべる仕事はいろいろあります。

中でも、芸人ほど難しい世界はないよな、とボクは思うんです。

反対に、しゃべる仕事の中で、最も簡単になれるのが「先生」ではないでしょうか。

教員はこれらの中で一番人口が多い職業だからです。

よく大学教授の中に、「最近の学生は質が落ちた。授業の半分ぐらい寝ているのは嘆

かわしい」とかグチを活字にしているような先生たちがいますよね。

でも、そういう先生たちの教え方はどうなんだろう？

もしも、つまらない授業をしているとしたら……。

伝えるってことは、本当に難しい。

よい教材、意味のある教科内容であれば、生徒たちは耳を傾ける。そう考える向きは多いのですが、でも現実を客観的に眺めれば、どうもそうとばかりは言えなさそうです。

もちろん学校に限ったことではありません。講演会でも大きな会議でも、退屈な内容だったら寝てしまう。プロであれば、教科の内容に留まらずに、それを相手に伝える工夫、語り方についてのテクニック、話術も磨かなければいけない。自分のしゃべり方はどうなのか。他人が本当に聞きたくなるような話し方ができているか。プロの仕事って、そういうものだと思うんです。

何の問題意識も無いまま「伝えることは大切だ」と教師が授業で言うことは諸刃《もろは》の剣《つるぎ》です。


**ボクは「1パーセントのマジョリティ」という言葉を好んで使っています。教師の数は日本の全人口に対する比率で言えば、たったの1パーセントぐらいだそう**

**です。つまり、圧倒的な少数者。その「1パーセント」の人たちが、99パーセントを占める家庭のご子息たちを教えているわけです。**ところが教師の仕事の多くは教師同士で関わりあって進んでいく上に仕事量が膨大で忙しいから、教師が他の世界や世間を知ろうにも自ずと限界はある。

それゆえ教師は、一般企業では常識とされていることを知らなかったりする。それはちょうど学校の常識を企業の皆さんがご存知ないのと同じで、コインの裏表ではありますが、99パーセントの側の子どもたちを預かる教師は、自分の立ち位置が世の中と別な場所にあることを、もっともっと自覚しないといけないと思うんです。

そこでボクは、**できるだけ定時に仕事を切り上げて、他の世界の人と会う機会を作ろうと心がけています。**教育界以外の人と積極的に話をしたい、世間話を聞きたいと思っています。そうしないと世の中の動きがわからないし、変化に置いて行かれてしまうから。**世間の風を入れないと、教室の中が、社会と無関係な場所になってしまうから。**

逆から言えば、教室の中に意識して社会の流れ、世の中の出来事、世間の空気を持ち込むことが大事なんだと思います。子どもたちにとって「おもしろい」授業になるためのヒントは、そのあたりにある。

たとえば飲み会も新しいアイディアが吸収できるいい機会です。

ボクは飲み会翌日の朝会で、たいていそこでひろったネタを披露します。驚いたこと、興味深かった話を子どもたちに伝える。すると子どもたちも、すぐ反応してくれます。「その話、テレビでやってた」なんて言われたりする。そんな、生き生きとした今の息吹を感じる話、アイドルのことやニュースになった出来事に関する話が子どもたちは大好きなんです。

おもしろい授業を作るヒントは、案外身近にある。

社会の中に、世間話のあちこちに、たくさんころがっていると思います。

ボクがなぜ、学校という現場から一歩外へ出て、テレビに出たり本を書いたりするのか。

それは**学校が特殊な世界でも何でもなくて、常に社会とつながっているはず**だから。**元気な大学生や若者たちには、それなら「先生っておもしろそう」と考え直してほしい。やる気と可能性のある若い人たちが、教育の現場に入ってきて、先生になってほしい。教師という仕事の広がりや楽しさを、もっと知ってほしい。**

沼田っていうハチャメチャな先生がいるそうだ。

あんな妙な奴でも、子どもを教えることができるんだ。
だったらオレだってやれる。
そんな空気を作り出したい。
子どもたちと過ごす時間は、予定調和じゃない。だから、すごくおもしろい。
そんな楽しい時間を仕事にできるのが、教師という職業。
**学校というのは教える側も教えられる側も、常に大きく成長できる場なんです。**

# 第4章

# ぬまっちにズバッと聞きたい17の疑問

Q 1

## 目上の人に対する尊敬や社会的な礼儀作法を、子どもたちにどう教えていますか？

A 1

「ホーム・アンド・アウェイ」ということを子どもたちに教えています。ボクが子どもとフラットな関係、つまり友達のように話すのは教室という「ホーム」の中だけです。例えば職員室で「ぬまっち」なんて呼んだらボクは許しませんから。「ホーム」は、安心できる場所。言葉遣いを気にするよりも、リラックスしながら自分の力をのびのびと発揮することが大事です。

一方、「アウェイ」ではスイッチを切り替えて、言葉遣いも考えて、挨拶もきちんとできるように教えます。おもしろいことに、ホームでリラックスできている子の方が、外へ出た時には礼儀正しいし、挨拶もちゃんとできるんですよ。外と内の意識の切り替えが大切です。スイッチを上手にオンオフできるようになることが目標だと思っています。

## Q2

**先生のクラスで学んだ子どもたちは、大人社会をなめてしまうことはないでしょうか？**

## A2

絶対に無いとはたしかに言えませんね。でも、もっと大事なポイントがあります。それは大人とか子どもとかいう区別に関係なく、子どもだって活躍するチャンスは十分にあるということを学んでほしいのです。だから「大人社会をなめる」のではなく、大人社会と対等にわたりあえる可能性があることを学んでほしいと思っています。

## Q3

**今、先生のクラスでは自治体や企業が主催するコンテストに子どもたちがたくさん応募していますね。その賞金を集めてみんなの目的に沿って使うそうですが、「お金をもらう」のは学校らしくないと批判されませんか？**

# A3

たしかに、6年生のクラスではコンテストで入賞した賞金を貯めて、みんなで「ホテルでディナーを食べる」「リムジンに乗る」という目標を立てています。子どもたちは背伸びしたいし、大人のようにふるまうことはスリリングでワクワクして楽しい。「リムジンに乗る」という目標を掲げるとすごく盛り上がる。学校とリムジンの飛躍ぶりというか、抜け出てる感が、とっても楽しいわけです。たしかに、「お金」について問題にする人もいるのかもしれません。が、「お金」は目標を達成する上で必要な道具の一つです。最も大切なことは、目標へ向かってみんなで工夫して結果を得ること。

それに、お金を集めて使うということは、立派な社会活動です。お金の本当の価値や使い方を学ぶことです。社会や経済がどうやって回っているかを実体験できる機会を作っている、ということ。

実のところ、そうした活動を通じて、子どもたちはお金それ自体に興味を持つわけではありません。自分が頑張ったことが名誉につながることや、みんなで思い出をつくるために頑張っているのです。

前のクラスでも賞金を原資に、ヒルトンホテルで食事をしたのですが、あの時痛感しましたね。普段はガツガツ食べるような男子たちが、ヒルトンではヒルトンの客になるんだな、と。やんちゃな子がとても上品に食事をしているのを見た時には「すごいぞ。ここに来なきゃ学べなかったことだ」と思いました。場所や環境が子どもたちを育てる、ということも大いにあるんです。

## Q4 子どもを褒めて伸ばすだけではなく、怒ることもあるのですか？

A4

ありります。例えば音楽発表会の時。子どもたちが音楽の先生に褒められて帰ってきたんです。「5年生にしちゃすごい」って言われて満足していたので、ボクは「すごいって、5年生にしてはでしょ」とハッパをかけたんです。もっと高い目標に向かっていってほしいから。で、「何十曲も弾くのがプロだ。お前たちはたった1曲しかやらないんだ、せめてプロなみに演奏してみろ」と。子どもたちは納得してくれたように見えました。エネルギーがあるから翌日にはすぐ前向きになって猛烈な朝練をし始めましたよ。

## Q5 ある程度シナリオがあって、怒っているのですか？

A5 いいえ、作戦行動じゃないし怒っているわけではないのです。実際に「これは違うぞ」と思っているから、説教をするんです。ボクは作戦で喜怒哀楽を出すことはないです。とにかく大人とか子どもとか関係なく、このメンバーならこのくらいはこなせる、という高い目標を目指して頑張ってほしいから、時々感情が出ちゃうんです。

## Q6 学校内のルールで、変だなと思うことはありますか？

A6 走ると危ない。人とぶつかる。その意味はよくわかるんです。でもボクは、子どもがなぜ走ってしまうのか、その理由までを含めて考えたい。そもそも小学生って身体を動かしたくて仕方ない時期ですよね。遊びの中で身体を動かして限界に挑戦して運動能力を自分で伸ばしている。だから、思い切りダッシュするのが気持ちよかったりする。それに、休み時間はギリギリまで遊びたいでしょ。授業開始の時間は守らなければならないから、つい廊下を走っちゃうんですよね。「やりたいこと」がたくさんあるんです。

ただ「廊下を走るな」っていう判で押したような規則としてとらえるのではなくて、たとえば廊下に「高速レーン」を作る。走る人専用のレーンです。廊下の残り半分は、走っちゃいけないレーンにするとか。角にはカーブミラーを付けるとかね。そういうしゃれっ気があってもいいのではないかな。ちなみに、会社には走るななんて絶対書いてありませんよね。新聞社の廊下を走る人がいたら「あいつ凄いスクープ取ったんじゃない?」とか期待されたりするでしょう。急いでいる人には、そうする理由があるんですよ。

でも、まあ学校の安全を考えたら「廊下を走るな」は、やむをえないルールですけれどもね。

Q7
**そうしたユニークな発想が、周りの先生から「浮いている」と言われれませんか？**

A7
そのように言われたら、たしかに浮いているかもしれませんね。でも、悪いことしているわけではないので。みんなが黒い車に乗っている時に、一人で赤い車に乗っている感じかな。スピード違反はしていないですから。学習の中身はスタンダードだと思っています。見え方は奇抜かもしれませんが。

Q8
**それでも子どもに嫌われちゃうケースは、あるんですか？**

A8
どの先生にもあるように、当然ながらあります。嫌われないように、とかは考えていませんが。「みんなで楽しい教室にしよう」といつも思っている。

うまくいかないことも当然ある。失敗した時はできる限り謝ります。別のチャンスや別の道を提供してみる、といったことを心がけています。

Q 9

**保護者とうまくいかない時も?**

A 9

もちろんゼロとは言えません。ボクも神様じゃないから、できるだけ仲の良いクラスをつくっていきたいと自分なりに常に努力しているつもりです。

Q 10

**「東京学芸大学附属世田谷小学校は、生徒が優秀だからユニークな授業も成り立つ。他の学校だったらできないのでは」という意見がありますが、どう思いますか?**

# A10

東京学芸大学は教育者を養成するための大学です。その附属小学校の世田谷小学校は、独自の使命を持っています。それは三つ。一、教育理論の実験的研究ならびにその実証を行う。二、本学学生の教育実習の指導を行う。三、初等普通教育（公教育）を行う。

普通に授業をしているだけでは「実験的研究」にならないはずです。ユニークな挑戦をすることに意味があると思うし、その結果を多くの先生方に参考にしていただくことがこの世田谷小学校の役割だとボクは思うんです。

その意味では、この小学校だから実験的な授業が成り立つという面はたしかにあるでしょう。「ダンシング掃除」にしても「内閣制度」にしても、まったく同じ形でやらなくてもいいんです。ヒントを引き出して、それぞれの学校、教室にあう形でアレンジしていただければボクとしても嬉しいです。大事なことは、「小学生だから無理」と決め付けないことです。

Q 11

## 「教師は聖職」という考え方についてどう思いますか？

A 11

たしかに、昔はそうだったかもしれないですよね。先生に怒られた時、親は言ってました。「お前、また何かしでかしただろう」って。先生が怒る時は、「子どもが悪いことをした時」と相場は決まっていました。でも時代は変わっています。教師はもう聖職ではなくて子どもたちと同じ目線で共に学ぶ時代になっている。生徒がより学びやすい方法や環境を整えて、より良い方法を提供してあげる、「教えるプロ」だと思います。

Q 12

## 公立の小・中学校についてどんな評価を持っていますか？

A 12

ボクは公立だからとか、私立だから、という考え方はしていません。ただ、時々、「教育環境が整っているから私立の学校へ行かせたい」という親がいます。それもアリでしょう。ただ、どこであれ同じような環境で育った人と一緒にいるだけでは、社会に出た時に出会うであろう、さまざまな人たちのことは学べないかもしれない。いろいろな人がいていろいろなシーンに遭遇して初めて、どう自分を出すか、引っ込めるか、防御するか、あるいは周りを尊重するといったことを覚えることができると思います。

## Q13 中学受験についてはどう考えますか？

**A13**

やりたい人はやればいいと思います。「6年間かけてじっくりのびのびと育てたい」と考える家庭もあれば、「3年に一度、受験勉強をする方が引き締まる」というケースもある。人それぞれ。それと、「受験は知識の詰め込みでよくない」と言われたりしますが、時代は変わってきていますね。そのうち受験会場はタブレット持ち込み可になる日が来るかもしれません。つまり、これからの時代は、「知識を頭に詰め込む競争」をするのではなく、「知識をどう使いこなすか」という力が問われてくるはずです。

## Q14 なぜ積極的にテレビや新聞などのメディアに出るんですか？

A14

チャンスを頂けるからです。ボクは「来た球は打つ」タイプなので、できるだけ断らないようにしたい。学校外での講演やトークライブにも出ています。教育界以外の人に会えるのはとても新鮮ですし、純粋に楽しいし、学校の中では気づかない視点に気づかせてくれるのです。交流範囲を広げたいといつも思っています。

## Q15 沼田先生のメソッドの中で、家庭でもやれることはありますか？

どれでも大丈夫、ぜひやってみてください。少し工夫すればできると思います。音楽を使ってもいいし、親子で楽しい目標を設定してそこへ向かってゲーム感覚で勉強してみるのでもいい。もっと単純に、子どもを子ども扱いしない、というルールを決めるのでもいいんですよ。

A 16

Q 16

## 保護者たちへ、これだけは言いたいということはありますか？

子どもに対して過剰な期待はしないこと。3歳までに「うちの子は天才だ」と思った人が80パーセント以上いる、というアンケート結果を見ました。親って、そういうものですよね。思いどおりにいかないとカッとして怒ったりしてしまう。でも、子どもは別人格です。「まあこんなもんかな」と親も少し肩の力を抜いて、あまり期待しすぎない。その方が、ちょっと何かできた時に「よくやったね」と褒めることができると思います。そう思うことで、親が考えもしなかった才能を発見できるかもしれませんよ。

## Q17 もし仮に沼田先生が文部科学大臣になったら、何に取り組みたいですか？

A17

そもそも大臣になりたいと思ったことはありませんが（笑）、あえて言うなら「先生になりたい」という優秀な人材を増やすためにも、先生の仕事はこんなに楽しいんだよっていうメッセージをたくさん伝えていきたいと思います。

また、先生の給料体系をわかりやすくしたいですね。頑張ったら稼げるシステムを構築することも有意義ですね。

# 第5章 ぬまっち語録

普通の授業なら子どもが得るのは「1点」だけなのに、この授業では、同じ時間の中で「5点」もとれる。子どもたちが手にする収穫が5倍に膨らむとしたら、さあどうでしょう？

**もっともっと、新しいやり方があるのではないか。現状を打ち破っていく、ワクワクする工夫はないだろうか。**

目標は、たった二つ。
世界一楽しいクラスにすること。
何でも自分でできる人になってもらうこと。

ボクの基本スタンスは、生徒たちを「子ども扱いしない」ということ。
ボクのもう一つの基本スタンスは、指示を出さないこと。

## 理由は「自主性が育ってほしい」といつも考えているからです。

教室の中には節約できることがまだまだある。まだまだ工夫の余地がある。もっと改善ポイントを洗い出して整理することって、大事ではないでしょうか。

## 大人が積極的にはやりたくないようなことも、子どもに対しては『教育だから』『将来のためだから』と、ついついやらせてしまう。それで本当にいいんだろうか。

「全員平等」「機会均等」なんてお題目は、ボクの教室にはありません。
火のつきやすいところから火をつけよう。
「やりたい」という気持ちをぐんぐん伸ばしていこう。

得意な力を、もっと発揮しよう。

優劣ではなく、それぞれが得意な分野で自分の力をどんどん出していけばいい。

**それがやる気につながる。**

## 出る杭は打たれる。けど、出ない杭は腐る。腐るくらいなら打たれよう。

子どもの中で

**何か変わりそうな気配やチャンスにつながりそうな時、**

ボクは積極的に仕掛けていきます。

「親同士が結束する」ことが、子どもたちにも良い影響を与えてくるのです。

**運動会は競技会だ。だから、勝利を目標にする。**

「負けるまでは、勝つことしか考えるな」
「勝つにはどうしたらいいか考えろ」
「負けた時のことは、負けてから考えればいい」

**努力したらオリンピックに行ける訳じゃないけど、**
**オリンピックに出た人たちは必ず努力をしている。**

たとえ小学校の運動会でも、工夫して勝利を手にすることは貴重な体験。なぜなら、社会で生きていく力をつけることが、教育というものの目的だから

社会で起こっていることをどんどん教室の中へと取り入れていく。子どもたちは社会で起こっていることにとても関心がある。リアルが大好き。食い付きの良さといったらありません。

**だから、敢えてリアリティのある話題を使っていく。**

教室の中でも常に社会とつながって正直に向き合うことが大事。

「そもそも」は、ボクにとってとても大切なキーワード。

子どもたちに自分から「文を書きたい」って言わせるには、どうしたらいいんでしょう?

正解は一つだけ。「よっぽど書きたい状態」にするしかない。

## 「良い質問です」

しばしば使いがちなその言葉を、ボクはタブーだと思っています。

「えっ、そんな質問が出るの?」という意外性が生まれて、立ち止まり、そのことについてみんなで考えてみる。そんな新鮮な発見がたくさんある授業の方が、ワクワクして楽しいし、学べることも多いと思うんです。


あの時はこうやって乗り越えたという経験。

難しいことも何とかやりとげられたという自信。失敗しても立ち直ることができるという安心。

助け合う仲間がいるという信頼。ダメなら別のやり方を探せばいいという発想。

ちゃんとした成功体験があれば失敗しても平気。

## 「楽しい」「ワクワクする」ことを、「教える」ことと合体させたい。

勉強が苦手な子たちに、わかりやすい目標を掲げてあげると、ぐんとやる気が出ることがあります。ゲーム感覚に近い「やる気」の出し方かもしれません。

考えてみると、「コストパフォーマンス」や「効率性」「省エネ」「時間管理」といった工夫は、小学生の頃に食堂の仕事を通して芽生え、高校の部活動にも活用していたんですね。今では教室の中で、その意識を子どもたちに刻みつけています。

勉強ができない人って世の中にたくさんいる。
でもそれは、頭がいいとか悪いという以前に、勉強というものをやってこなかったせいで
「勉強のやり方そのものがわからない」ということではないのか。

「教育」という二文字がつくとたちまち特殊な世界に
なってしまうのはなぜなんだ。

子ども子どもっていうけど、
単に「体が小さい人」なんじゃないか。

年齢や国籍、肩書き、性別といったことに対する「こだわり」を捨てること。

目の前にいる相手にきちんと向かい合えばいい。
一人の人間とどう付き合えばいいいか、
**シンプルに考えることの大切さを知りました。**

時間を区切ることで、できなかったことに挑戦するようになるんです。
いつ終わるかわからなければ、ラストスパートがかけられないんです。

ただただ「勉強しろ」って言っても限界がある。
やる気が無いなら、どうやっておもしろくするか、楽しくできるか。
どうしたら、学ぶモチベーションを高められるか。

**そこが工夫のしどころなんです。**

「お、そっちから来るか」みたいな驚きと発見の毎日です。
先生もそれが嬉しいと思えるくらいの余裕と根性が欲しい。
先生自身が、自分のほうから枠組みを壊すくらいの覚悟がなければ、と思うんです。

教師の数は日本の全人口に対する比率で言えば、たったの1パーセントぐらいだそうです。
つまり、圧倒的な少数者。その「1パーセント」の人たちが、99パーセントを占める家庭のご子息たちを教えているわけです。

できるだけ定時に仕事を切り上げて、
他の世界の人と会う機会を作ろうと心がけています。

世間の風を入れないと、教室の中が、社会と無関係な場所になってしまう。

学校が特殊な世界でも何でもなくて、常に社会とつながっているはず

元気な大学生や若者たちには、それなら「先生っておもしろそう」と考え直してほしい。
やる気と可能性のある若い人たちが、教育の現場に入ってきて、

**先生になってほしい。**

教師という仕事の広がりや楽しさを、
もっと知ってほしい。

学校というのは教える側も教えられる側も、
常に大きく成長できる場なんです。

**沼田 晶弘●ぬまた・あきひろ**

1975年、東京生まれ。国立大学法人 東京学芸大学附属世田谷小学校教諭、学校図書生活科教科書著者、ハハトコのグリーンパワー教室講師。東京学芸大学教育学部卒業後、インディアナ州立ボールステイト大学大学院で学び、アメリカ・インディアナ州マンシー市名誉市民賞を受賞。スポーツ経営学の修士を修了後、同大学職員などを経て、2006年から東京学芸大学附属世田谷小学校へ。児童の自主性・自立性を引き出す斬新でユニークな授業が読売新聞「教育ルネッサンス」に取り上げられて話題に。教育関係のイベント企画を多数実施するほか、企業向けに「信頼関係構築プログラム」などの講演も精力的に行っている。著書に『「やる気」を引き出す黄金ルール』(幻冬舎)、『「変」なクラスが世界を変える!――ぬまっち先生と6年1組の挑戦』(中央公論新社)など。

ぬまっちのクラスが「世界一《せかいいち》」の理由《りゆう》

2016年3月25日　初版発行
2018年6月10日　再版発行

著　者　沼田晶弘《ぬまたあきひろ》

発行者　大橋善光

発行所　中央公論新社

〒100-8152　東京都千代田区大手町1-7-1
電話　販売 03-5299-1730　編集 03-5299-1870
URL http://www.chuko.co.jp/

印　刷　三晃印刷
製　本　小泉製本


Published by CHUOKORON-SHINSHA, INC.
Printed in Japan　ISBN978-4-12-004830-2 C0037